KB162801

왜
왕건의 부인은
29명일까?

14
역사공화국
한국사법정

교과서 속 역사 이야기, 법정에 서다

견훤 vs 왕건

왜
왕건의 부인은
29명일까?

글 김갑동 | 그림 손영목

㈜자음과모음

우리가 다 알고 있듯이 왕건은 후삼국을 통일한 영웅이다. 개성의 호족으로 해상 무역을 통하여 부를 축적한 왕건의 집안은 궁예에게 귀순하면서 역사의 전면에 등장했다.

왕건은 궁예에게서 발어참성의 성주라는 벼슬을 받으며 관직 생활을 시작했다. 그의 뛰어난 전략과 설득으로 궁예는 수도를 개경으로 옮기기도 했다. 궁예는 4년 만에 다시 철원으로 환도했지만 이미 궁예의 신하들 중에는 왕건의 세력이 상당히 포진되어 있었다. 그 후 궁예가 말년에 접어들면서 포악해지자 왕건은 궁예를 내쫓고 왕위에 오른다. 왕건의 즉위가 쿠데타인가 혁명인가 하는 것은 여전히 논란거리이다. 이 책에서도 이를 하나의 쟁점으로 설정했다.

그 후 왕건은 여러 가지 정책과 전략을 통하여 후삼국 통일의 야

망을 실현해 나간다. 그런데 그러한 정책 중에 우리의 흥미를 끄는 것이 혼인 정책이다. 왕건은 부인을 무려 29명이나 둔 것이다. 부인들과의 혼인은 여러 형태로 이루어졌는데, 그 과정에서 왕건의 행동에 논란의 소지가 있다. 이 문제 또한 짚어 볼 예정이다.

이 밖에도 왕건은 사성 정책, 대민 정책, 북진 정책 등을 통해 통일 사업을 펼쳐 나간다. 이 와중에 견훤과 몇 번 충돌하게 된다. 영토 확장을 위한 라이벌 구도가 성립되는 것이다. 왕건과 견훤은 천하의 주인이 되기 위해 서로 이런저런 전략을 구사하는데, 이 전략들이 과연 바람직한 것이었는지가 또 하나의 논란거리로 등장한다.

그 후 견훤 진영에서 내분이 일어난다. 태자 자리를 둘러싼 암투가 전개된 것이다. 이 과정에서 견훤은 금산사에 유폐되고, 거기서 도망쳐 결국은 고려에 귀순한다. 뒤이어 신라 왕도 고려에 나라를 바치고 귀순하면서 천하의 대세가 왕건 쪽으로 기울게 된다. 천년 사직의 신라를 고려에 바친 경순왕의 행동이 정당한 것이었는지가 또 다른 논란거리가 될 수 있다.

또 고려에 온 견훤은 후백제 신검을 토벌하는 데 앞장선다. 결국 후백제 신검은 항복하고, 후백제는 멸망한다. 견훤은 자신이 세운 국가를 자기 손으로 허문 것이다. 바꾸어 말하면 왕건은 견훤을 이용하여 후백제를 멸망시켰다고 볼 수도 있다. 견훤은 이용만 당한 꼴이 된 것이다. 이 또한 중요한 논쟁거리가 될 것이다.

이러한 논란 속에서 견훤이 명예 회복을 주장하며 왕건에게 소송을 제기하는 형식으로 이야기가 전개될 것이다. 이 재판 과정을

왜 왕건의 부인은 29명일까?

통해 왕건의 행동 중 잘못된 부분을 지적하고 비판할 것이다. 또 변론과 증언을 통하여 여러 논쟁점들을 차례차례 해결해 나갈 것이다. 원고 측 증인으로는 환선길, 송함홍, 김행파, 마의 태자, 박영규가 등장하고, 피고 측 증인으로는 복지겸, 최응, 왕유, 유금필, 능환이 등장한다.

후삼국 통일 과정을 낱낱이 밝힐 왕건과 자신이 세운 후백제의 멸망을 도울 수밖에 없었던 견훤의 복잡한 상황이 자세히 그려질 재판 과정을 독자 여러분도 흥미를 갖고 지켜보기 바란다.

김갑동

9세기 말에 일어난 농민들의 봉기는 신라를 뒤흔들었고, 이 틈에 세력을 모아 견훤과 궁예는 나라를 세웠다. 견훤은 900년에 완산주를 도읍으로 하는 후백제를 세웠고, 궁예는 901년 송악을 도읍으로 하는 후고구려를 세웠다.

중학교   역사

III. 통일 신라와 발해
  3. 신라의 동요와 후삼국의 성립
    (2) 신라가 후삼국으로 분열되다

IV. 고려의 성립과 발전
  1. 고려의 성립
    (1) 고려가 후삼국을 통일하다

신라에서는 중앙 정부의 통제력이 약화되고 농민 봉기가 일어나는 등 사회가 혼란하였다. 이 와중에 견훤과 궁예가 후백제와 후고구려(태봉)를 건국하여 후삼국이 성립되었다.

궁예의 부하가 된 왕건은 공을 세우며 두터운 신망을 얻게 되어 결국 실정을 한 궁예를 몰아내고 왕으로 추대를 받았다. 왕건은 고구려 계승을 내세워 국호를 고려라 한다. 왕건은 후백제와는 경쟁하고 신라와는 우호적인 관계로 지냈다. 민심이 고려로 기울면서 고려는 신라를 병합하기에 이르렀다. 결국 왕건은 왕위 계승을 둘러싼 갈등을 피해 견훤이 귀순해 오자 후백제군을 격파하고 후삼국을 통일하였다.

고등학교

한국사

II. 고려와 조선의 성립과 발전
1. 민족을 재통일하여 발전한 고려
　　(1) 후삼국을 통일하고 새 시대를 열다

867년	마케도니아 왕조 시작
868년	이집트, 투룬 왕조 시작
870년	메르센 조약, 중부 프랑크 왕국이 동서의 양 프랑크 왕국에 분할됨
875년	당나라, 황소의 난
894년	마자르인, 헝가리 이주
902년	남조 멸망
911년	노르망디 공국 창립
917년	불가리아인이 동로마 제국 공격
919년	하인리히 1세, 독일 국왕으로 즉위
925년	후당, 전촉(前蜀)을 멸함
932년	이란, 부이 왕조 성립

원고 **견훤(867년~936년, 재위 : 900년~935년)**

나는 후백제를 건국한 견훤입니다. 후백제를 멸망시
키려던 왕건에게 속아 패장으로 낙인찍혔지요. 나는
왕건에게 이용당한 것이 너무 억울하고 분합니다. 나
를 치졸한 패장으로만 기억하지 말아 주세요.

원고 측 변호사 **김딴지**

역사에 대한 해박한 지식을 가지고 있는 나, 김딴지
변호사는 잘못된 역사를 바로잡는 데 혼신의 힘을 쏟
고 있답니다.

원고 측 증인 **환선길**

나는 궁예왕이 군사를 일으킬 때 군대에 들어와 왕건
에게 쫓겨날 때까지 그를 모셨던 사람입니다. 궁예왕
은 물론 왕건에 대해서도 누구보다 잘 알고 있지요.

나는 궁예 밑에 있던 문인으로 유학이나 풍수지리 등에 조예가 깊습니다. 왕건은 백성을 현혹해 궁예의 자리를 빼앗은 자입니다.

나는 왕건에게 두 딸을 빼앗긴 사람입니다. 우리 딸들은 왕건 때문에 스님이 되었지요. 눈에 넣어도 아프지 않은 딸들이 본의 아니게 스님이 되었으니 얼마나 억울한 일입니까?

나는 신라의 마지막 임금인 경순왕의 아들입니다. 왕건의 회유 작전에 휘말려 멸망한 신라를 생각하면 지금도 한스럽습니다.

나는 견훤왕의 사위였으나 고려에 귀순한 후 왕건의 장인이 된 사람입니다. 견훤왕의 불운한 처지를 두고 볼 수 없어 증인으로 나왔지요.

피고 왕건(877년~943년, 재위 : 918년~943년)

나는 분열된 후삼국을 통일하고 고려를 세운 왕건입니다. 고구려의 영토를 회복하는 것이 당시 나의 책무요, 소명이라고 생각했지요.

피고 측 변호사 이대로

역사공화국에서 명변호사로 널리 알려진 이대로입니다. 역사적 진실은 쉽게 변하는 것이 아니지요. 여러분, 기존의 역사적 평가는 다 이유가 있다니까요!

피고 측 증인 복지겸

나는 면주(충남 당진) 출신으로 어려서부터 배를 타고 다니면서 송악 지역을 출입했지요. 내가 보기에 당시 왕건만 한 인물은 없었습니다.

나는 원래 궁예 밑에서 관직 생활을 했던 최응입니다. 궁예의 행동을 낱낱이 알고 있지요. 왕건의 즉위는 쿠데타가 아니라 혁명이라는 것을 내가 확실히 보여 드리지요.

나는 왕건이 후삼국을 통일할 때 오른팔 역할을 했던 유금필입니다. 내 노력에 대한 대가로 왕건은 내 딸과 혼인했지요. 왕건은 은혜에 대한 보답을 확실히 할 줄 아는 인물입니다.

왕건의 장인인 왕유입니다. 왕건의 혼인이 그를 도와준 사람들에 대한 배려였다는 것을 증언할 작정입니다.

나는 견훤의 책사 역할을 했던 사람입니다. 견훤의 호전적인 성격에 대한 것은 물론 당시 백제의 상황에 대해 확실하게 밝혀 드리겠습니다.

"후삼국 통일, 모두 내 덕이지요"

여기는 역사공화국 김딴지 변호사의 사무실.

얼마 전 소송을 끝낸 김딴지 변호사는 나먹보 조수와 함께 소파에 앉아 텔레비전 채널을 이리저리 돌리면서 심심하게 시간을 보내고 있었다. 그런데 마침 영혼의 나라에서 벌어지는 희한하고 신기한 일들을 소개하는 프로그램이 김딴지 변호사의 시선을 잡았다.

"나먹보! 이 프로그램 재미있겠다. 무슨 내용이지? 난 처음 보는 건데."

"역시 우리 변호사님은 재판 말고는 아는 게 없으셔."

"뭐, 뭐야?"

"히히. 농담이에요. 이거 요즘 엄청 인기 있는 프로그램인데요. 희한한 사람들이 많이 나와요."

김딴지 변호사는 나먹보 조수의 말에 귀를 기울였다. 사실 이 역사공화국도 지상 세계만큼이나 사건, 사고가 많아서 별의별 희한한 소식들이 매일같이 들려온다. 오죽했으면 이 영혼 세계에까지 와서 법정 공방을 벌이겠는가!

그런데 가만히 텔레비전을 보던 김딴지 변호사의 얼굴이 점점 붉으락푸르락 달아오르더니 고함을 질러 대기 시작했다.

"아니, 저 사람은 어떻게 부인이 29명이나 되는 거야? 그럼 도대체 자식은 몇 명이나 되는 거고?"

"글쎄요. 부인 한 사람당 한 명씩만 낳아도 29명이고…… 두 명씩 낳으면…… 58명! 헉!"

나먹보 조수는 들고 있던 과자 봉지를 탁자에 내려놓고, 손가락으로 수를 헤아렸다.

"됐어! 저렇게 여러 여자와 결혼한 사람을 영웅처럼 방송에 내보내다니, 영혼 방송국에 항의라도 해야겠어! 전화번호 좀 불러 봐!"

"잠시만요! 1004-1004-XXX예요. 그런데 진짜 항의하시게요?"

"당연하지! 저게 무슨 자랑이라고 방송에까지 나와서 떠들어 대는 거야?"

지상 세계에서 결혼 한 번 해 보지 못했던 김딴지 변호사는 외로웠던 지난 시간이 떠오른 건지 더욱 흥분했다.

그때 문 쪽에서 노크 소리치고는 꽤나 둔탁한 소리가 들려왔다.

똑, 똑, 똑.

나먹보 조수가 얼른 자리에서 일어나 문을 열었다. 그런데 문 안으로 들어선 사내를 본 김딴지 변호사와 나먹보 조수는 흠칫 놀라고 말았다. 그 사내는 키가 크고 기골이 장대한 무사였기 때문이다.

"안녕하세요."

먼저 인사를 건넨 사내의 목소리에는 힘이 넘쳤다.

"아 예. 어떻게 오셨습니까?"

김딴지 변호사가 사내를 올려다보며 물었다.

"혹시 후백제의 왕이었던 견훤이란 사람을 아십니까?"

그는 다짜고짜 질문을 던졌다.

"네, 물론 압니다. 고등학교 역사 시간에 배운 적이 있습니다."

"그럼, 그 사람 무덤에 가 본 적이 있나요?"

"아니요. 견훤에게도 무덤이 있었나요?"

김딴지 변호사가 오히려 되물었다.

"당연히 있지요. 어디 있는지 아십니까?"

"아니요. 잘 모르겠는데요. 그런데 왜 그런 걸 자꾸 물어보십니까?"

김딴지 변호사는 계속되는 질문에 짜증스러운 듯 말했다.

"왜냐고요? 내가 바로 그 견훤이기 때문입니다."

"아, 그러시군요. 역시 범상치 않은 분이라고 생각은 했습니다만, 만나 뵙게 돼서 반갑습니다."

김딴지 변호사는 겸연쩍게 일어서며 그에게 뒤늦은 악수를 청했다.

"어서 이리 앉으세요. 얘기가 길어질 것 같은데……."

견훤은 큰기침을 한 번 하며 자리에 앉더니 사무실을 쓱 둘러보았다. 그러고는 갑자기 생각난 듯이 물었다.

"내가 방금 왜 그런 질문을 했는지 아시겠습니까?"

"글쎄, 역사 전문 변호사로서 한 나라의 왕이었던 당신의 무덤이 어디 있는지도 모른다는 사실이 부끄럽군요."

김딴지 변호사는 계면쩍은 듯이 머리를 긁적였다.

"아닙니다. 그것이 바로 패장의 서글픔이겠지요."

견훤은 잠시 슬픔과 회한에 찬 표정을 짓더니 다시 말을 이었다.

"변호사님은 나에 대해서 얼마나 알고 계십니까?"

"글쎄요. 자식한테 배반당하고 왕건에게 패한 사람으로 알고 있습니다만⋯⋯."

"그래서 내가 여기에 온 겁니다. 박식한 걸로 따지면 둘째가라면 서러울 정도라고 들었는데, 그런 김 변호사님도 나를 잘 모르는데 일반 사람들이 나에 대해 무엇을, 얼마나 알겠습니까? 너무 억울하고 분하기도 해서 눈을 감지 못할 지경입니다."

"무엇이 억울하다는 말인가요?"

의아한 듯 김딴지 변호사가 물었다.

"사실 왕건이 후삼국을 통일한 것은 다 내가 도와준 덕분입니다. 내가 없었으면 고려가 후삼국을 통일하는 것은 불가능했을 것입니다. 그런데 그 공을 왕건이 모두 가로채 갔어요. 또 왕건 그자는 부인을 무려 29명이나 두었다고요. 여자를 얼마나 분별없이 좋아했으면 그랬겠습니까! 그런 왕건을 후세 사람들은 뛰어난 전략가로 잘못 알고 있더군요."

"아, 그렇습니까? 안 그래도 조금 전 그와 비슷한 경우를 보면서 화를 냈었는데 잘됐네요. 저도 이제 슬슬 구미가 당깁니다. 그러니까 그런 잘못된 역사적 진실을 바로잡기 위해서 저를 찾아오셨다는 말씀이군요?"

"그렇습니다. 당신의 협조를 얻어 왕건과 나의 진실을 밝혀 보려는 것입니다."

"아, 알겠습니다. 저도 이 기회에 역사 공부를 제대로 해서 후백제의 역사적 진실을 한번 밝혀 보도록 하겠습니다."

"고맙습니다. 기대해 보겠습니다."

견훤과 김딴지 변호사는 승리를 다짐하며 자리에서 일어나 서로의 손을 굳게 맞잡았다.

후삼국 시대와 고려의 왕건

　9세기 말, 신라는 몹시 혼란스러웠습니다. 중앙의 귀족들은 부패하여 사치와 향락에 빠졌고 농민들은 지나친 세금으로 비참한 생활을 해야 했지요. 결국 농민들의 불만이 터져 곳곳에서 봉기가 일어났습니다. 이 와중에 지방의 호족들은 힘을 키워 갔고, 견훤과 궁예는 자신의 세력을 키워 나라를 세우기에 이릅니다. 바로 후백제와 후고구려를 세우게 되고, 신라와 함께 후삼국 시대를 열어 가게 된 것입니다.

　후고구려의 왕이 된 궁예는 점점 괴팍해지면서 급기야는 자신을 미륵불이라고 주장하기에 이릅니다. 주변 사람을 의심하고 세금을 과하게 걷어 백성들의 원성을 사게 되지요. 궁예의 난폭한 행동과 잘못된 정치를 참다못한 신하들은 결국 궁예를 쫓아내고 왕건을 새 국왕으로 모십니다.

　왕위에 오른 왕건은 나라의 이름을 고구려를 계승한다는 의미로 '고려'라고 지었어요. 그리고 수도를 송악으로 옮겼지요. 왕건은 견훤의 후백제는 견제하는 한편, 신라와는 동맹을 맺는 외교를 펼칩니다. 고려와 신라가 친하게 지내자 불안해진 견훤은 신라를 먼저 공격하기로 마음먹습니다. 그리고 신라의 왕인 경애왕의 목숨을 빼앗고 왕족인 김부를 왕위에 앉히지요. 이 사람이 바로 경순왕입니다. 하지만 이 사건으로 신라의 백성들의 마음은 후백제가 아닌 고려에게로 기울게 됩니다. 고려와 후백제 사이에서 국력이 매우 약해진 신라는 고려에게 항복할 결심을 합니다. 훗날 '마의 태자'로 알려진 신라의 태자가 끝까지 반대의 뜻을 굽히지 않았지만 935년 신라는 고려에 항복을 하게 되지요.

한편 후백제의 왕실에서는 견훤의 아들들이 서로 왕의 자리를 다투고 있었습니다. 견훤이 자신의 후계자로 넷째 아들인 금강을 지목하자 첫째 아들인 신검이 불만을 품게 되지요. 그래서 신검은 아버지인 견훤을 금산사라는 절에 가두고 아우인 금강을 죽이고 맙니다. 물론 스스로 왕의 자리에 오르는 일도 서슴지 않았지요. 이에 후백제의 견훤은 간신히 탈출하여 고려의 왕건을 찾아오게 됩니다.

견훤의 망명은 후삼국을 통일하려는 왕건에게 더욱 큰 힘이 되었고 왕건은 후백제를 치러 나섭니다. 결국 왕건은 후삼국을 통일하기에 이르고, 거란에 의해 멸망한 발해의 유민들도 받아들임으로써 진정한 의미의 민족 통일을 이루게 되지요.

하지만 이런 왕건에게도 고민이 있었습니다. 지방의 호족들을 어떻게 하면 자신의 편으로 끌어들일까 하는 것이었지요. 그래서 호족들을 자신의 편으로 만들기 위해 왕건은 그들의 딸과 혼인하는 방법을 선택했어요. 이 때문에 왕건의 부인은 무려 29명이나 되었답니다.

원고 | 견훤	대리인 | 김딴지 변호사
피고 | 왕건	대리인 | 이대로 변호사

청구 내용

통일 신라 때, 진성 여왕이 즉위하면서 신라는 귀족들의 방탕한 생활과 농민들의 봉기로 백성은 도탄에 빠져 있었습니다. 나, 견훤은 큰 뜻을 펼치기 위해 신라의 군대에 입대했고 도적들을 소탕하면서 이 나라의 운명은 다했다고 판단했습니다. 그리하여 900년, 나는 백제의 부흥을 내세우며 후백제를 건국했습니다.

당시 북쪽에는 궁예라는 지도자가 태봉이란 독립국을 경영하고 있었습니다. 그런데 얼마 지나지 않아 그의 부하였던 왕건이 궁예를 내쫓고 왕위에 올라 '고려'라는 나라를 건국했지요. 왕건은 남의 영토를 침범하는가 하면 각 지역의 호족들에게 뇌물을 주어 자기 세력으로 끌어들이는 작전을 펼쳤습니다. 통일 사업의 하나라는 구실로 많은 여자를 아내로 맞이하기도 했습니다. 신라도 왕건의 정책에 서서히 넘어가고 있었습니다. 이대로는 안 되겠다 싶어 나는 신라의 경주로 진격하여 왕을 교체했습니다. 그리고 신라를 도와주러 온 왕건의 군대를 공산에서 격파하고 독 안에 든 쥐 신세였던 왕건을 놓아주기도 했습니다. 그러나 왕건은 은혜도 모르고 온갖 술책을 동원하여 호족들을 포섭하는 한편 나에게 대항했습니다.

이런 상황에 내 어리석은 자식은 태자 책봉에 불만을 품고 나를 금산사에 가두는 사태가 벌어졌습니다. 할 수 없이 나는 왕건에게 귀순했습니다. 그러나 나를 받아 준 것은 후백제를 멸망시키기 위한 전략이었습니다. 나는 왕건에게 후백제에 관한 여러 정보를 알려 주었고 후백제를 공격할 때는 선봉에 서서 옛날의 부하들을 굴복시켰습니다. 고려가 승리하자 나는 돌아갈 곳이 없었습니다. 내가 세운 후백제를 내 스스로 멸망시켰으니 돌아갈 낯이 없었고, 왕건도 내가 고려로 돌아오는 것을 꺼렸습니다. 나는 할 수 없이 황산군(충남 논산)의 한 절에서 쓸쓸히 죽을 수밖에 없었습니다.

그런데도 후세 사람들은 왕건을 후삼국을 통일한 영웅으로 떠받들고, 나는 치졸한 패장으로 평가하고 있습니다. 너무 억울한 평가라 생각합니다. 따라서 이번 기회에 역사의 진실을 밝히고 나의 명예를 회복하고자 소송을 제기합니다.

입증 자료

- 중학교 역사 교과서
- 고등학교 한국사 교과서
  그 외 자료 추후 제출하겠음.

위 청구인 견훤
역사공화국 한국사법정 귀중

왕건의 즉위는
쿠데타일까, 혁명일까?

교과연계

역사
Ⅲ. 통일 신라와 발해
  3. 신라의 동요와 후삼국의 성립
    (2) 신라가 후삼국으로 분열되다

1 왕건은 어떤 사람일까?

"왕건 님께서 고소를 당했다고? 무슨 일이야? 누가 고소한 거야? 왕건 님이 잘못한 게 뭐가 있다고?"

"백제 견훤이 고소를 했다네. 자기가 너무 억울하다고. 자기는 왕건을 도와줬는데 왕건은 자신을 이용만 하고 쓸쓸하게 죽게 했다는 거야. 또 왕건이 여자를 좋아해서 결혼도 여러 번 했대."

"여자를 좋아했다고? 자네도 알겠지만 왕건의 부인이 29명이나 되는 것은 후삼국을 통일하기 위한 전략이었지 그게 어디 여자를 좋아해서인가? 왕건이 아니었으면 지상 세계에 오늘의 대한민국도 존재하지 않았을 텐데. 나는 왕건이 진정한 영웅임을 믿네."

"자자, 조용히 하세요!"

검은 법복을 입은 판사가 걸어 나와 사람들이 가장 잘 내려다보이

는 가운데 의자에 앉았다. 조용히 하라는 법정 경위의 말
에 배심원과 방청객은 입을 다물고 일제히 판사를 바라보
았다.

판사　　원고 측 변호인, 오늘의 사건은 무엇입니까?

김딴지 변호사　　네, 판사님. 이번 재판은 견훤이 고려의 건국자인
왕건을 고발한 사건입니다. 지금까지 역사책에서는 왕건을 후삼국
을 통일한 영웅으로 떠받들고 있습니다. 현재 우리의 국토도, 왕건
이 후삼국을 통일하고 북진 정책을 실시하여 그 기초를 닦은 것으로
설명하고 있지요. 심지어 그의 부인이 29명이나 되는 것도 통일 정
책의 하나였다고 합니다. 반면 견훤은 후삼국 통일에 실패하고 자식
에게까지 버림받은 **졸장부**로 평가되고 있습니다. 이는 너무나 억울
합니다.

판사　　뭐가 그렇게 억울하다는 말인가요?

김딴지 변호사　　견훤은 기울어져 가는 신라를 바로잡기 위해 목숨
을 걸고 싸웠지만 더 이상 신라에 희망이 보이지 않자 새로운 국가
를 세웠습니다. 그러다가 자식에게 배반당하여 할 수 없이 왕건을
찾아가 몸을 맡기게 되었습니다. 당시 견훤은 왕건을 돕는 것이 개
인적인 차원을 떠나 통일의 위업을 달성하는 길이라 생각했습니다.
그리하여 왕건을 믿고 찾아간 것이지요. 그러나 왕건은 견훤을 대접
해 주지는 못할 망정 도리어 버렸습니다. 현재 논산군 연무읍에 남
아 있는 견훤의 무덤이 이 사실을 잘 증명해 줍니다. 그의 무덤은 초

충청남도 논산시 연무읍 금곡리에 있는 견훤의 무덤

라하고 관리도 제대로 되어 있지 않습니다. 따라서 견훤은 왕건의
실체를 밝히고 자신의 명예를 회복하기 위해 이번 소송을 제기하게
된 것입니다.

김딴지 변호사가 견훤이 왕건을 고소한 이유를 설명하자, 재판정
이 순식간에 술렁거렸다. 사람들은 졸장부 견훤이 자식에게 배신당
한 한을 왕건에게 풀려고 한다며 비아냥거렸다.

"후백제를 자기 손으로 멸망시키고는 무슨 낯으로 소송을 걸었
담? 가만히 있으면 중간이라도 가지."

"자식에게 죽게 된 견훤을 왕건이 거두어 준 것은 천하가 다 아는

사실인데, **적반하장**도 **유분수**야!"

그러나 한편에서 그를 동정하는 소리도 들렸다.

"아니야, 견훤도 억울한 게 있을 거야. 왕건이 후삼국을 통일했다고 무조건 그의 말이 옳다고만 보는 건 잘못된 거라고!"

판사　조용히 하세요! 먼저 원고는 자기소개를 간단히 해주십시오.

견훤　안녕하십니까. 나는 후백제를 세운 견훤이라고 합니다. 이번 재판의 원고이며, 저기 앉아 있는 왕건을 고소한 사람입니다.

우렁차고 자신 있는 목소리에 방청객들의 시선이 그에게 쏠렸다. 딱 벌어진 어깨에 중후한 목소리를 듣자니 앞으로 진행될 재판이 만만치 않을 듯했다.

견훤　나는 상주 가은현에서 아자개라는 농민의 자식으로 태어났습니다. 지금으로 따지면 경북 문경군 가은면이 내 고향이지요. 내가 태어난 해는 867년으로 신라 경문왕 7년에 해당합니다. 그때는 유난히도 어수선했습니다. 서울인 경주를 기점으로 유행병이 거세게 퍼져 나갔고, 홍수가 나서 농작물 수확이 평년의 절반에도 못 미쳤지요. 조정에서는 각 도에 관리를 파견하여 백성을 위로하고 민심을 수습하려 노력했지만 흉흉한 민심은 쉽사리 가라앉지 않았습니

적반하장
도둑이 도리어 매를 든다는 뜻으로, 잘못한 사람이 아무 잘못도 없는 사람을 나무람을 이르는 말이지요.

유분수
사람이 마땅히 지켜야 할 지혜나 자기 신분에 맞는 도리가 있다는 말입니다.

이찬
이찬은 신라 시대 17관등 중 둘째 등급입니다. 오직 진골만이 오를 수 있었지요.

황룡사 9층 목탑
황룡사에 있었던 신라의 목탑입니다. 645년에 자장(慈藏)의 권유로 만들었지요. 1238년에 몽골군의 공격으로 불타 사라졌으며, 현재는 초석만 남아 있습니다.

기골
건장하고 튼튼한 체격을 일컫는 말이지요.

다. 또 떠돌이별(행성)이 북극성을 침범하여 국가에 큰 소란이 있을 것이란 소문이 파다했습니다. 아니나 다를까 이듬해 이찬이란 고위 벼슬에 있던 김예, 김현 등이 반란을 일으켰습니다. 비록 진압되기는 했지만 그 과정에서 많은 사람이 피를 보았지요. 신라의 상징이었던 황룡사 9층 목탑에 벼락이 떨어지기도 했습니다.

판사 원고, 자기소개를 좀 간략하게 해 주세요.

견훤 예, 죄송합니다. 내가 이 말씀을 드린 것은 난세에 영웅이 태어난다는 말을 상기시키기 위해서입니다. 나는 태어나면서부터 기골이 장대했고 호랑이도 나를 보호해 주었다는 말을 들었습니다. 내가 돌도 채 지나지 않았을 무렵, 어머니가 들판에서 일하고 있는 아버지에게 밥을 가져다 주기 위해 나를 잠깐 소나무 밑에 둔 적이 있어요. 그런데 어머니가 멀리서 보니 호랑이가 나를 잡아먹는 것 같았다는 것입니다. 어머니는 기겁해서 동네 사람들과 같이 농기구를 챙겨 들고 내게 달려왔지요. 그런데 호랑이는 나에게 젖을 물려 주고 있었답니다. 이 광경을 본 어머니와 동네 사람들은 이구동성으로 말했다고 합니다. "아, 저놈은 크게 될 놈이구나. 호랑이도 자기 자식으로 알고 저렇게 보호해 주니 말이야!" 나는 이런 사람이었습니다.

판사 어른이 되어서는 어땠나요?

견훤 나는 장성하여 군에 들어갔습니다. 경주에 있다가 지금의 전남 승주군으로 발령을 받은 이후로는 단 한 번도 창을 손에서 놓지

않았지요. 해적이나 도적을 토벌할 때는 언제나 목숨을 아끼지 않고 앞장섰습니다. 그 덕분에 나는 스무 살이 갓 넘은 나이에 비장(裨將)의 지위에 올랐습니다. 그런데 그즈음 나라 꼴이 엉망이 되었지요. ▶당시 통일 신라의 집권자는 진성이라는 여왕이었는데 역량이 부족해서 정치가 말이 아니었습니다. 소인배들이 정권을 농락할 지경이었지요. 그러자 전국 각지에서 농민들이 들고일어났고 곳곳에서

교과서에는

▶ 9세기 말인 진성 여왕 때에 신라 말기의 혼란스러움이 더욱 심해졌습니다. 나라 안의 여러 주와 군에서 세금을 내지 않자 나라의 재정도 점점 어려워졌습니다. 그런데 이러한 때에 흉년이 들고 전염병이 돌아 사람들은 고향을 버리고 떠돌아다니거나 도적이 되었습니다.

도적이 들끓었습니다. 이에 나는 깊이 고민했습니다. '무엇이 이 나라를 도탄에서 구하는 길인가' 하고 말입니다.

판사　그러면 왕에게 충성을 맹세하고 간언하면 될 일이지, 왜 신라를 배반하고 새로운 국가를 세웠나요?

견훤　이미 주위에서 많은 사람이 진성 여왕에게 간언을 했지요. 익명으로 정치를 비판하는 글을 써서 대로변에 붙인 사람도 있었고, 최치원이란 학자는 개혁 정책을 건의하기도 했지요. 그러나 한 번 잘못 튕겨 나간 화살은 거둘 수가 없었습니다. 역시 "새 술은 새 부대에 담아야 한다"라는 말이 맞았습니다. 그래서 ▶나는 후백제라는 새로운 국가를 창건한 것입니다.

　　견훤은 판사와 김딴지 변호사를 번갈아 쳐다보며 또박또박 말했다. 견훤의 말을 듣고 있던 방청객들이 수군거렸다.

　　"그래, 그 말도 맞는 것 같아. 나도 어디서 들은 적 있어."

　　"그래. 최치원도 끝까지 신라를 개혁하려 했지만 뜻이 이루어지지 않자 가야산에 있는 해인사로 들어갔다잖아."

판사　모두들 조용히 해 주세요! 그럼 원고가 본 왕건은 어떤 사람이었나요?

견훤　왕건은 거짓말쟁이에다 사람을 홀리는 재주가 있었습니다. 그래서 그의 가문도 실제는 보잘것없었는데 아주 좋은 집안인 것처럼 꾸며 놓았지요.

김딴지 변호사　판사님, 그것에 관해서는 제가 말씀드리겠습니다. 그 내용은 『고려사』라는 책의 서론 부분에 자세히 나와 있습니다. 그 책을 근거로 왕건의 가계를 도표로 그려 보면 다음과 같습니다.

『고려사』
조선 시대에 세종의 명으로 정인지, 김종서 등이 편찬한, 고려조에 관한 역사책입니다. 기전체로 되어 있으며 총 139권으로 문종 원년(1451)에 완성되었지요.

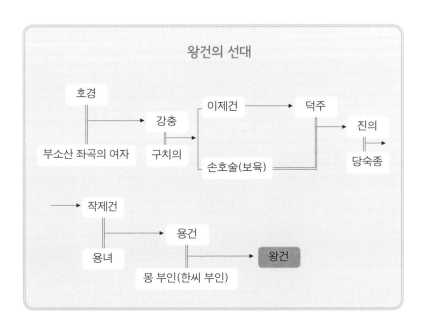

왕건의 선대

우선 여기서 보는 바와 같이 왕건의 증조할아버지가 당나라의 임금인 숙종으로 되어 있어요. 즉, 당나라 숙종이 왕위에 오르기 전 고려에 왔다가 왕건의 증조할머니인 진의를 만나 작제건을 낳았다고 기록되어 있습니다. 이는 자기의 가계를 신성하게 보이기 위한 조작이 아니고 무엇이겠습니까?

판사　이 자료로 보면 왕건의 증조할머니인 용녀가 용왕의 딸이라는 말 같은데, 그게 사실인가요?

김딴지 변호사　그렇습니다. 기록에는 용왕의 딸이라고 되어 있습니다. 작제건이 중국에 있는 아버지를 만나러 중국 상선을 몰래 타고 가다 들켜 바다에 던져졌는데 용왕의 도움으로 살았다고 합니다. 이에 대한 보답으로 용왕을 괴롭히던 백 년 묵은 여우를 처치해 주어 용왕의 딸인 용녀와 결혼하게 되었다는 것입니다. 이것은 다 왕건의 가계를 신성하게 보이려고 미화한 것이지요. 심지어는 왕건의 7대조 할아버지인 호경은 구룡산의 여산신과 혼인했다는 내용도 있습니다. 얼마나 황당무계한 내용인가요? 이것은 분명 사람들을 속이기 위한 술책입니다.

이대로 변호사　이의 있습니다, 판사님. 지금 원고 측 변호인은 사실과 설화를 구분하지 못하고 있습니다. 옛날의 제왕들은 백성이 자신들을 믿고 따르도록 하기 위해서 자신의 혈통을 과장해 꾸미기도 했습니다. 단군이 천제인 환인의 손자로 기록된 것이라든지, 고주몽이 천제의 아들 해모수와 하백의 딸 유화 부인 사이에서 태어났다는 것이 그러합니다. 일반 백성의 족보를 봐도 조상을 중국에서 찾는 경우가 많이 있습니다. 이것은 자신의 조상을 중국 사람으로 설정하여 큰 나라에서 온 귀족 가문임을 내세우려 한 것과 같지요. 예컨대 청주 한씨의 경우 그 조상이 **기자**(箕子)라고 되어 있어 믿을 수 없지만, 그 의도는 알 수 있는 것이지요.

판사　네, 일리 있는 주장입니다. 원고 측 변호인은 사실과 설화를

혼동하지 마세요.

이대로 변호사   그리고 한 가지 더 말씀드릴 것이 있습니다. 원고 측 변호인의 논리대로라면 원고 역시 거짓말쟁이라고 해야 합니다. 견훤이야말로 자기 출신지와 출생을 황당무계하게 엮어 놓았으니까요. 『삼국유사』에 나와 있는 그의 출생 설화가 그 근거입니다. 그 내용을 보면 전라도

『삼국유사』
고려 충렬왕 11년(1285)에 승려 일연이 쓴 역사책입니다. 단군·기자·대방·부여의 사적(史跡)과 신라·고구려·백제의 역사를 기록하고, 불교에 관한 기사·신화·전설·시가 따위 등이 기록되어 있습니다.

광주에 사는 어느 처녀와 지렁이가 혼인하여 견훤을 낳았다고 되어 있습니다. 자, 여러분, 사람과 지렁이 사이에서 견훤이 탄생했다는 것을 어떻게 믿을 수 있을까요? 이성이 있는 사람이라면 믿기 힘든 이야기이지요. 또 기록에는 그의 출생지가 현재의 전남 광주로 되어 있는데, 이것 역시 거짓말입니다. 조금 전 견훤은 자신이 경북 문경 출신이라고 자기소개를 했습니다. 왜 기록과 실제가 다를까요? 이는 광주를 점령한 견훤이 자신도 그곳 출신이라는 것을 내세우는 것이 후백제를 세우는 데 유리했기 때문입니다. 다시 말하자면 견훤은 백성들에게 자신의 출생지를 속여 지지를 얻고자 했던 것입니다.

견훤   그, 그건…….

이대로 변호사   견훤이 완산주(지금의 전라북도 전주)를 점령한 뒤에도 그의 거짓말은 계속됩니다. 그는 백제가 마한에서 발전했다고 보고 마한이 삼한 중에서 제일 먼저 일어났다고 주장하는가 하면, 백제가 금마산(전라북도 익산의 미륵산)에서 개국했다고 말하기도 했습니다. 자기가 백제 출신도 아니면서 마치 백제에 대해 잘 아는 양 이런 거짓말을 한 것입니다. 배심원 여러분, 누가 더 거짓말쟁이입니까?

판사   자, 그 문제는 거기까지 합시다. 배심원 여러분이 잘 판단해 주리라 생각합니다. 원고 측 변호인, 더 할 말 있습니까?

김딴지 변호사   그건 그렇다 치더라도 왕건은 기회주의자에다 비겁한 자에 불과합니다.

이대로 변호사   판사님, 증거도 없는 김딴지 변호사의 주장은 무시해 주십시오.

김딴지 변호사　증거가 없다니요? 그렇게 나오실 줄 알고 증인을 모셨습니다. 궁예 밑에서 장군으로 오랫동안 왕건을 지켜본 환선길을 증인으로 불러 주십시오.

판사　허락합니다. 증인 환선길은 나와서 선서를 해 주세요.

환선길　선서, 나 환선길은 진실만을 말할 것을 맹세합니다.

김딴지 변호사　그럼 증인, 먼저 자기소개를 해 주세요.

환선길　나는 궁예왕이 군사를 일으킨 초창기에 군대에 들어가서 왕건에게 쫓겨날 때까지 그분을 모셨던 사람입니다. 따라서 궁예왕은 물론 왕건에 대해서도 누구보다 잘 안다고 자부합니다.

김딴지 변호사　그럼 아는 대로 사실에 입각하여 증언해 주세요. 왕건의 인간성은 어땠습니까?

환선길　나도 피고 왕건의 어린 시절에 대해서는 잘 알지 못합니다. 그러나 궁예왕이 다스리던 시절, 함께 지내면서 알게 된 부분을 말씀드리겠습니다. ▶처음 궁예왕은 **양길** 휘하 부대의 일부를 지원받아 각 지역을 정복하다가, 명주(지금의 강릉)를 거쳐 철원에 이르러 도읍을 정하고 태봉이란 국가를 세웠습니다. 이때가 896년이지요. 이제 다음 정복지는 개경을 비롯한 서북 해안 지역이었어요. 그런데 어느 날 왕건과 그 아버지 용건, 두 사람이 궁예왕을 찾아왔습니다. 그러고는 자신의 고을을 통째로 줄 테니 거기에 성을 쌓아 달

양길
신라 말기에 북원(현재 원주)에서 세력을 모았으며, 강원도 일대에서 주로 활동했습니다. 그러나 이후 자신의 부하였던 궁예에게 공격을 받아 크게 패했고, 이후 양길의 세력은 점차 쇠퇴했습니다.

교과서에는

▶ 궁예는 신라 왕족의 후예로 북원(원주)의 도적 무리인 양길의 밑에 들어가 강원도, 경기도 일대를 차지했습니다. 그리고 이후 황해도 지역까지 세력을 넓힌 그는 양길을 쫓아내고 후고구려를 세웠습니다.

발어참성
개성의 송악산 기슭에 있는 태봉, 고려의 성곽입니다. 황성, 보리참성, 밀떡성이라고 불리기도 하지요.

감언이설
달콤한 말과 이로운 말로 다른 사람을 꾀는 것을 말합니다.

라고 요청하더군요.

김딴지 변호사 고을을 통째로 내놓았다고요? 대단한 결심이네요. 그런데 왜 그런 결정을 한 것입니까?

환선길 그들은 얼마 지나지 않아 자신들의 지역이 우리에게 정복당할 것을 알고 있었어요. 그래서 먼저 찾아와 선수를 친 것입니다.

김딴지 변호사 정말 약삭빠르네요. 그래서 그 후에 어떻게 되었습니까?

환선길 나는 한 번 저들의 전략에 말려들어 가면 헤어나기가 어렵다는 것을 알았기 때문에 궁예왕에게 그 제안을 수락하지 말라고 건의했습니다. 하지만 순수했던 궁예왕은 그들의 요구를 받아들여 그들의 근거지인 송악 지역을 접수하는 대신 **발어참성**을 쌓고 왕건을 성주로 임명했습니다. 나는 그때 궁예왕이 호랑이 새끼를 품 안에 들이는 큰 잘못을 저질렀다고 생각했습니다. 그런데 얼마 지나지 않아 우려했던 일이 일어나고 말았습니다.

김딴지 변호사 그것이 무엇이었나요?

환선길 왕건에게 수도를 빼앗기는 사태가 벌어진 것이지요.

김딴지 변호사 수도를 빼앗겼다니요? 왕건이 태봉의 수도인 철원에 쳐들어왔다는 말인가요?

환선길 그것은 아닙니다. 왕건이 온갖 **감언이설**로 궁예왕을 꾀어서 수도를 송악으로 옮겼다는 것입니다. 898년의 일이지요. 송악이 어디입니까? 왕건의 오랜 근거지 아니겠어요? 거기에는 당연히 왕

건 일파들이 득실거리지 않습니까? 후환이 여기서 시작된 것입니다.

이곳을 7년 동안이나 수도로 삼았으니 태봉에 왕건파가 득세할 수

밖에요. 궁예왕은 7년 동안 호랑이 무리를 집안에 키운 겁니다. 나는

왕건의 계략을 눈치채고 틈이 날 때마다 다시 철원으로 돌아가자고

간절히 청했습니다. 그래서 결국 904년 철원으로 다시 수도를 옮기

게 되었지요. 이처럼 왕건은 기회주의자이며 계략으로 궁예를 멸망

에 빠뜨린 자입니다.

김딴지 변호사   그랬군요. 그런데 비겁하다는 말은 어떻게 나온 건

가요?

환선길 예, 비겁하게도 왕건은 남방에 자신의 피신처를 마련해 놓고 위험이 닥쳐오면 그곳으로 도망을 가곤 했습니다.

김딴지 변호사 피신처가 무엇인가요? 동굴이라도 파 놓았다는 말인가요?

환선길 그런 뜻이 아니고요. 그는 전부터 알고 지내던 사람의 도움을 받아 전라도 나주 지역을 점령한 후, 자신의 세력을 키워 그곳을 제2의 활동 무대로 활용했다는 이야기입니다. 물론 이 지역은 후백제의 수도인 전주와 멀지 않은 곳이기 때문에 견훤도 항상 신경을 썼지요. 그러나 다른 장군들이 중앙에서 전쟁에 휘말려 퇴출당할 때 왕건은 견훤을 견제한다는 것을 구실로 삼아 그곳으로 가서 후일을 도모했지요.

김딴지 변호사 저도 왕건이 나주에서 한 말을 사료에서 본 기억이 나는군요. "지금 임금이 잔인하고 난폭하여 죄 없는 사람을 많이 죽이며 아첨하는 자들이 득세하여 서로 음해를 일삼고 있다. 지금은 중앙에 있는 자들도 자기 신변을 보전하지 못하는 형편이니 차라리 정벌에 종사하고 왕실을 위해 진력함으로써 자기 몸을 보전하는 것이 더 낫다"고 한 말이지요.

환선길 얼핏 보면 그 이야기는 왕건이 왕실에 충성했던 것처럼 보이지만 절대로 그렇지 않습니다. 왕건은 중앙에 있는 사람들이 죽음을 면치 못하니 지방으로 몸을 피하는 것이 낫다며 도망친 것입니다. 이 얼마나 비겁한 발상인가요?

김딴지 변호사　　아, 그런 숨은 뜻이 있었군요.

환선길　　그리고 마지막으로 한마디만 더 하겠습니다. 나는 그가 얼마나 비겁한 사람인지를 아지태 사건에서 명백히 봤습니다.

김딴지 변호사　　아지태 사건은 또 무엇인가요?

환선길　　이 사건은 청주 사람끼리 싸움을 벌이는 과정에서 발생한 사건인데요. 당시 수도인 철원에는 청주 사람이 많이 이주해 살고 있었습니다. 이는 904년 송악에서 철원으로 도읍을 옮길 때 1,000여 호에 달하는 청주 사람들이 함께 이주했기 때문이었죠. 그런데 이 과정에서 청주인끼리 이해관계를 둘러싸고 갈등과 대립이 생겼습니다. 이주 정책을 적극적으로 추진하려는 사람들과 이를 반대하는 사람들이 서로 대립한 것이지요.

김딴지 변호사　　아, 그러니까 이주 정책을 두고 청주인이 두 세력으로 나누어졌다는 말씀이군요.

환선길　　그렇습니다. 그리고 이때 청주 사람이었던 아지태가 같은 고향 사람인 입전, 신방, 관서 등을 고발하는 사건이 벌어졌지요. 하지만 아지태는 궁예의 측근이었으므로 관원들이 궁예의 눈치를 보느라 사건을 자세히 조사하여 처리하는 데 오랜 시간이 걸렸습니다. 그런데 바로 이때 최고위직인 시중의 벼슬에 있었던 왕건이 아지태를 감옥에 가두어 버렸습니다.

김딴지 변호사　　아지태가 궁예의 측근이라면 왕건을 가만두지 않았을 텐데요.

환선길　　네, 왕건도 이 때문에 궁예에게 화를 당할까 겁이 났던 모

개국 공신
나라를 세우는 데 공을 많이 세운 사람을 가리키는 공신 명칭입니다.

양입니다. 그 길로 나주로 도망가 버린 것을 보면 말입니다. 이것이 비겁한 것이 아니고 무엇입니까?

　　이 말을 듣고 있던 이대로 변호사는 분통을 터뜨리며 자리에서 일어났다.

이대로 변호사　　판사님, 이의 있습니다. 증인은 지금 사실을 말하는 것이 아니라 사실에 대한 본인의 주관적인 생각을 말하고 있습니다. 이는 보는 사람의 시각에 따라 다르게 해석될 수 있는 것입니다. 이를 증명하기 위해 피고 측 증인으로 고려의 개국 공신인 복지겸을 신청합니다.

판사　좋습니다. 피고 측 증인은 증인석으로 나와서 선서를 해 주세요.

복지겸　나, 복지겸은 진실만을 말할 것을 선서합니다.

이대로 변호사　　증인, 자기소개를 부탁드립니다.

복지겸　네. 나는 면주(충청남도 당진군 면천면) 출신으로 어려서부터 배를 타고 송악 지역을 드나들었습니다. 그 덕에 왕건에 대해서는 보고 들은 바가 아주 많습니다.

이대로 변호사　　그럼 피고 왕건에 대해서 아는 대로 말씀해 주시겠습니까?

복지겸　그러지요. 내가 알고 있는 왕건은 어려서부터 문무를 두루 갖춘 합리적인 사람이었습니다. 성격 또한 아주 인자했어요. 원고 측 증인이 말한 대로 왕건은 궁예가 철원에 도읍을 정하자 다음 정복 지역은 바로 자신의 고향인 송악 일대가 될 것임을 직감했습니다. 그는 궁예에 대항하여 싸울 생각도 했지만 개혁의 기치를 내건 궁예에게 협조하는 것이 지역 사람들을 살리는 옳은 일이라고 생각했어요. 그리하여 아버지와 같이 궁예를 찾아가 항복한 것입니다. 이후 그가 성주가 된 것도

복지겸의 사적비와 가묘. 충청남도 당진군 순성면 양유리에 위치하고 있습니다.

다 궁예 세력으로부터 지역 사람들을 지켜 주기 위한 최선의 방편이었지요.

이대로 변호사　　그럼, 왜 수도를 송악으로 옮기도록 권유한 것입니까?

복지겸　　그것이야말로 궁예를 도와주고자 했던 왕건의 노력으로 봐야 합니다. 철원은 내륙 지역이라 방어하는 데에는 이로운 점이 있지만 큰 뜻을 품고 다른 지역으로 진출하는 데에는 불리했어요. 특히 당시에는 중국과의 관계를 무시할 수 없었는데 이를 위해서는 반드시 중국과 오갈 수 있는 항구가 필요했지요. 삼국 시대에 신라가 백제와의 조약을 어기고 한강 하류 유역을 차지한 것도 중국과의 교류를 위한 것이었지 않습니까? 송악 인근은 그런 면에서 아주 유리했어요. 또 인근에 강화도라는 큰 섬이 있어서 해상 방어 기지의 역할을 훌륭히 해낼 수 있었고요. 그 때문에 송악을 수도로 정할 것

심복

마음 놓고 일을 시키거나 맡길
수 있는 사람을 뜻합니다.

을 권유한 것입니다. 왕건이 이렇게 의리를 지키면서 궁예를 도와주었는데 그런 사람을 기회주의자라고 비난하다니요. 말도 안 되는 소리입니다.

이대로 변호사　　그렇다면 왕건이 위험할 때마다 나주로 도망간 비겁한 사람이라는 말에 대해서는 어떻게 생각합니까?

복지겸　　그 역시 말이 되지 않습니다.

이대로 변호사　　왜 그렇게 생각하는지 조금 더 구체적으로 말씀해 주세요.

복지겸　　나는 왕건이 나주 지역을 경영하고 다스렸기 때문에 궁예가 세력을 지킬 수 있었다고 생각합니다. 만약 그렇지 않았다면 궁예가 세운 국가는 진작 견훤에 의해 멸망당하고 말았을 거예요. 왕건이 있었기에 견훤이 북쪽의 태봉을 공격하지 못한 것입니다.

이대로 변호사　　아, 그렇습니까?

복지겸　　네. ▶더욱이 왕건은 해상 활동을 통해 견훤을 위협했을 뿐만 아니라 변방에 있으면서 불평하는 부하들을 달래는 역할도 했습니다. 그의 위로를 받은 부하들은 두말없이 충성을 맹세했지요.

이대로 변호사　　그럼 아지태 사건 때에는 왜 나주로 내려간 것입니까?

복지겸　　그것 또한 왕건의 공평함과 강직함을 보여 주는 것이라 할 수 있습니다. 아지태는 궁예의 **심복**으로서 모함을 일삼는 자였습니다. 그런데도 사람들은 궁예가 두려워

교과서에는

▶ 왕건은 송악 지방의 호족으로 예성강 하구에서 중국과 해상 무역을 하며 성장한 호족들과 연합하여 세력을 키웠습니다. 궁예의 신하가 된 왕건은 수군을 이끌고 나주를 점령했고, 후백제를 배후에서 견제했습니다. 이 때문에 광평성의 시중의 자리까지 올랐습니다.

그를 처벌하지 못하고 있었지요. 그러나 다른 사람들과 달리 왕건은 궁예의 비위를 거스르는 일인 줄 알면서도 진위를 조사하여 아지태를 처단한 것이지요. 그리고 스스로 최고위직인 시중에서 물러나 본직인 장군으로 돌아갔지요. 그가 진짜 비겁자였다면 오히려 아지태 편을 들면서 시중이란 직책을 오랫동안 유지하려고 했을 것입니다. 그러나 그는 용감하게 옳고 그름을 가리고 사표를 던졌지요. 이 얼마나 용감하고 정의로운 행동입니까?

이대로 변호사　　자, 잘 들으셨지요? 존경하는 판사님, 그리고 배심원 여러분, 누구의 말이 진실인지는 조금만 생각하면 알 수 있습니다. 현명한 판단을 부탁합니다.

판사　　양측의 증언을 들으니 같은 사건인데도 어떻게 보느냐에 따라 참 다르게 평가할 수 있다는 생각이 들었습니다.

궁예를 몰아낸 왕건

판사　자, 그러면 다음으로 왕건이 궁예를 쫓아내고 왕위에 오른 것을 혁명이라 해야 할지, 아니면 쿠데타라 해야 할지에 대해서 이야기해 봅시다.

이대로 변호사　이번에는 저희 측에서 먼저 왕건이 왕위에 오른 것이 혁명이었음을 증명해 보이겠습니다. 존경하는 판사님, 궁예의 밑에서 관직 생활을 했던 최응을 증인으로 신청합니다.

판사　허락합니다. 증인 최응은 증인석으로 나와 주십시오.

증인 최응이 걸어 나와 증인 선서를 한 뒤 증인석에 앉았다. 이대로 변호사는 증인에게 다가가 반갑다는 눈인사를 나누고 질문을 시작했다.

사서오경
사서는 『논어』, 『맹자』, 『중용』,
『대학』을 말하고, 오경은 『시
경』, 『서경』, 『주역』, 『춘추』, 『예
기』를 말합니다.

한림랑
왕의 곁에서 왕명이나 조칙과 같
은 외교 문서들을 작성하는 관직
입니다.

왕통
왕위를 계승하는 바른 계통을 이
르는 말이지요.

음양오행
음양(陰陽)설과 오행(五行)설을
함께 부르는 말입니다. 음양설은
우주나 인간 사이에 일어나는 일
은 음(陰)과 양(陽)에 따라 결정
된다는 것이며, 오행설은 이러한
음양의 이치에 따라 목(木), 화
(火), 토(土), 금(金), 수(水)의 다
섯 가지가 움직여 우주의 만물이
생기고 없어지는 것을 말합니다.

이대로 변호사   증인은 간단하게 자기소개를 해 주시겠습니까?

최응   나는 원래 황주 토산 사람으로 아버지 때부터 궁예 밑에서 관직 생활을 했습니다. 어려서부터 유학 공부에 힘써 사서오경(四書五經)에 통달하고 글을 잘 지었으므로 궁예의 한림랑(翰林郎)이 되었습니다. 궁예의 조서는 다 내가 쓴 것이지요.

이대로 변호사   아, 그랬군요. 그런데 증인은 왕건이 한 행동이 쿠데타가 아니라 혁명이라고 주장했습니다. 먼저 쿠데타와 혁명의 차이는 무엇입니까?

최응   쿠데타는 무력으로 정권을 빼앗는 일을 말합니다. 이는 단순히 지배 계급 내에서 권력이 이동하는 것만을 의미하기 때문에, 체제를 모두 바꾸려는 혁명과는 다릅니다. 혁명은 헌법의 범위를 벗어나 국가 기초, 사회 제도, 경제 제도, 조직 등을 근본적으로 고치거나 이전의 왕통을 뒤집고 다른 왕통이 대신하여 다스리는 것을 말합니다. 즉, 쿠데타는 자신의 이익을 위해 권력을 다투어 빼앗는 행위를 말하고, 혁명은 체제나 제도의 급격한 변화를 통해 새로운 사회를 건설하고 권력을 얻는 것을 말합니다. 혁명은 정당하고 민중을 위한다는 긍정적인 의미가 있지요.

이대로 변호사   아, 쿠데타와 혁명은 그런 차이가 있군요.

최응   그런데 여기에서 더 나아가 동양에서는 혁명을 음양오행과 관련지어 말하고 있습니다. 하느님은 자신의 아들인 천자(天子)를 지상에 내려보낼 때 음양오행의 원칙에 따라 백성을 통치하도록 명령했습니다. 그것이 바로 천명(天命)이며 천자는 반드시 이에 따라야 합니다. 만약 그것을 따르지 않고 백성을 괴롭힌다면 천명은 다른 사람에게 주어질 수 있습니다. 왕이 바뀌는 것이지요. 이것이 바로 동양의 혁명 사상입니다.

이대로 변호사   잘 알겠습니다. 공부를 많이 하셨군요. 증인의 말처럼 왕건이 왕위에 오르게 된 것이 쿠데타가 아닌 혁명이라면, 궁예가 천명을 거스를 만한 일을 했다는 말씀이십니까?

최응   예, 내가 곁에서 다 지켜보았지요. ▶궁예는 어렸을 때 절에서 지낸 적이 있었는데, 그때의 이야기를 과장하면서 자신을 **미륵불**(彌勒佛)이라고 불렀습니다. 그리고 마치 부처님이라도 되는 양 머리에는 금빛 모자를 쓰고, 몸에는 승려의 옷을 걸치고 다녔지요. 그는 아들들에게도 보살의 칭호를 주었는데 큰아들을 청광보살(靑光菩薩), 작은아들을 신광보살(神光菩薩)이라 했습니다.

이대로 변호사   그건 좋은 일 아닌가요? 궁예가 미륵 부처처럼 백성을 구제해야겠다는 마음가짐을 먹은 것이니까요.

최응   그랬으면 얼마나 좋았겠습니까? 문제는 그것을 핑계 삼아 많은 사람을 죽였다는 것이지요. 그는 자신이 **미륵 관심법**(彌勒觀心法)을 체득하여 사람들의 마음을 꿰

미륵불
57억 년 후에 세상에 나타나 석가모니불이 구제하지 못한 중생을 구제할 미래의 부처입니다.

미륵 관심법
미륵불의 신통력을 가지고 다른 사람의 마음을 읽어 낼 수 있는 독심술을 말합니다.

교과서에는

▶ 궁예는 전쟁을 치르면서 지나치게 세금을 거두었고, 미륵 신앙을 이용하여 죄 없는 관료와 장군을 죽였습니다. 이에 따라 백성과 신하들의 신망을 잃고 쫓겨나게 되었지요.

자

척(尺)이라고도 합니다. 고려와 조선 시대 초기까지 1자는 32.21cm였지만, 1430년에 31.22cm로 바뀌었고, 1902년에 일제의 곡척(曲尺)으로 바뀌면서 30.303cm가 되었습니다.

뚫어 볼 수 있다고 주장하면서, 항상 "나는 미륵 관심법을 체득하여 능히 부인의 나쁜 행동까지 알아낼 수 있다. 관심법을 써서 죄가 드러나는 자가 있으면 매우 엄한 벌을 행하리라"고 말했습니다. 그러고는 죄가 없는 사람을 붙잡아서 반역이라는 죄를 덮어씌워 하루에도 수백 명씩 죽였어요. 이 때문에 이유도 없이 죽게 된 장수나 정승도 많았습니다. 그는 석 자나 되는 쇠방망이를 만들었는데 죽이고 싶은 사람이 있으면 이것을 불에 달구어 지지면서 잔인하게 사람들을 죽였습니다. 살 타는 냄새가 지금도 잊히지 않습니다.

이대로 변호사　오호, 참 끔찍한 일이군요. 듣자 하니 왕건도 거기에 걸려 죽을 뻔했는데 당신이 살려 주었다면서요?

최응　맞습니다. 하루는 궁예가 급히 왕건을 부르더니 어젯밤에 왜 반역을 모의했느냐고 따졌습니다. 왕건은 맑은 하늘에 날벼락을 맞는 기분이었죠. 왕건이 이를 부인하자 궁예의 얼굴이 일그러지면서 "그럼 내가 네 안에 들어가 진짜 마음을 보겠다"면서 눈을 감고 참선의 자세를 취했습니다. 이때 나는 재빨리 붓을 떨어뜨리고 이를 줍는 척하면서 왕건에게 귓속말을 해 주었습니다. "부인하면 죽습니다"라고요. 그러자 왕건은 궁예를 향해 큰절을 하면서 그의 신통력을 칭찬하고 용서를 구했습니다. 그러자 궁예는 껄껄껄 웃으면서 "과연 자네는 정직한 친구로구먼" 하고는 잘못을 용서해 주었습니다. 민심이 점차 왕건 쪽으로 넘어가는 것을 눈치챈 궁예가 왕건에게 경고를 한 것이었지요.

거사
큰일을 일으키는 것을 말합니다.

지원봉성사
왕의 문서를 작성하는 기구인 원
봉성(元鳳省)의 관원을 말합니다.

광평낭중
태봉과 고려 초에 내정을 총괄하
던 광평성(廣評省)의 관원을 말
합니다.

내봉성
고려 초 중앙 관청의 하나로 인
사를 관장하고, 왕명을 집행했습
니다.

이대로 변호사　　아, 지금까지 얘기를 들어 보니 궁예는 정말 폭군이었군요.

최응　　그렇습니다. 그러니 그런 포악한 임금으로부터 백성을 구해 내기 위해 왕건이 거사를 일으킨 것은 그야말로 혁명이라고 할 수 있지요. 더욱이 본인이 거사를 일으킨 것이 아니라 홍유, 신숭겸, 배현경, 복지겸 장군 등이 궁예의 폭정을 보다 못해 왕건을 추대한 것이었습니다. 이들이 거사를 일으키자고 요청했을 때 왕건은 궁예와의 의리를 지키기 위해 몇 번씩이나 사양하기도 했어요.

　　이대로 변호사가 증인 최응을 내세워 배심원의 마음을 사로잡자 초조해진 김딴지 변호사가 자리에서 일어났다.

김딴지 변호사　　판사님, 이제 제가 피고 측 증인에게 질문해도 되겠습니까?

판사　　그렇게 하십시오.

김딴지 변호사　　증인은 왕건이 집권한 후 어떤 관직에 있었습니까?

최응　　예. 왕건 밑에서 지원봉성사(知元鳳省事), 광평낭중(廣評郎中), 내봉경(內奉卿) 등의 관직을 거쳤습니다.

김딴지 변호사　　아니, 30세도 안 되어서 내봉성의 차관급인 내봉경의 자리에 임명된다는 것은 너무 빠른 승진이 아닌가요? 궁예를 모시던 증인이 출세를 위해 왕건을 도운 것 아닌가요?

최응   그, 그건…….

김딴지 변호사   그리고 왕건이 거사하던 날 밤, 당신은 현장에 있지도 않았습니다. 그런데 어째서 직접 본 것처럼 말씀을 하시나요?

성패론
일이 성공하면 모든 것이 미화되고 실패하면 모든 것을 비난받게 되는 논리입니다. 쿠데타에 성공하면 위대한 영웅으로 역사에 기술되지만 실패하면 비겁자로 기록되지요.

그러자 최응이 약간 멈칫거렸다. 김딴지 변호사의 말처럼 그는 왕건이 거사를 일으킬 때 자리에 없었기 때문이었다. 그러자 이대로 변호사가 벌떡 일어났다.

이대로 변호사   이의 있습니다. 지금 원고 측 변호인은 얼토당토않은 말로 증인을 협박하고 있습니다.

판사   이의를 받아들입니다. 김딴지 변호사는 유도 신문을 하지 마세요.

김딴지 변호사   잘 알겠습니다. 그러면 증인은 지금 왕건이 결국 승리했기 때문에 그의 입장에서 패자인 궁예를 폄하하기 위한 얘기를 하고 있지는 않나요? 바로 **성패론**(成敗論)에 근거해서 말이죠.

최응   그렇지 않습니다. 나는 두 분을 모두 모셔 봤기 때문에 객관적인 입장에서 말씀드리는 것입니다.

김딴지 변호사   알겠습니다. 판사님, 이번에는 궁예의 신하였던 문인 송함홍을 증인으로 신청하고자 합니다.

판사   네, 받아들입니다. 증인 최응은 그만 내려가셔도 좋습니다. 그리고 송함홍 증인은 앞으로 나와 주세요.

증인 송함홍이 나와 선서를 마치고 증인석에 앉자 김딴지 변호사가 말을 시작했다.

김딴지 변호사　우선 증인, 자기소개를 부탁드립니다.

송함홍　나는 궁예 밑에서 일했던 문인입니다. 유학이나 풍수지리를 깊이 공부했지요. '왕창근의 경문(鏡文)'을 해석한 사람도 바로 나입니다.

김딴지 변호사　'왕창근의 경문'이란 것이 무엇인가요?

송함홍　그러니까 918년 3월, 왕건이 거사를 하기 3개월 전쯤 되었습니다. 중국의 상인인 왕창근이 시장에서 옛날 거울 한 개를 샀는데, 그 거울을 담벼락에 걸자 갑자기 햇빛이 비추더니 글자가 드러났지 뭡니까? 궁예가 그것을 나를 비롯한 백탁, 허원 등에게 해석하도록 했지요. 그 내용은 아주 비유적이어서 해석하기가 어려웠습니다. 하지만 우리들은 고민 끝에 이를 풀어냈습니다.

김딴지 변호사　그 내용이 정말 궁금하네요. 간단하게 설명 부탁드립니다.

송함홍　알겠습니다. 경문의 내용은 다음과 같았습니다. 먼저 경문 중에 '삼수중과 사유 아래 옥황상제가 진마에 아들을 내려보냈다(三水中四維下 上帝降子於辰馬)'라는 말이 있는데, 이는 진한과 마한에 천자를 내려보낸다는 뜻이었습니다. 다음으로 '사년에 두 용이 나타나서 그 하나는 청목 속에 몸을 감추고, 다른 하나는 흑금 동쪽에 형적을 드러내리라(於巳年中二龍見 一則藏身靑木中 一則現形黑金東)'는 말이

있었습니다. 여기서 '청목'은 소나무를 뜻하는 것이므로 송악군의
사람 중에서 '용'으로 이름을 삼은 사람의 자손이 임금이 된다는 말
이었습니다. 그때 나는 왕건이 왕이 될 기상이 있다고 생각하여 그
를 두고 한 말이 아닐까 생각했습니다. 그리고 경문 중 '흑금'은 철이
므로, 이것은 바로 철원 지역을 의미한다고 짐작했지요. 따라서 이
것은 궁예가 처음 일어난 철원 지역에서 결국 멸망한다는 뜻이었습
니다. 마지막으로 '먼저 닭을 잡고 뒤에 오리를 칠 것(先操鷄後搏鴨)'
이라는 것은 왕건이 임금이 된 후에 먼저 계림(신라)을 점령하고 다

음에 압록강까지 회복한다는 것이었습니다.

김딴지 변호사　　정말 의미심장하네요.

송함홍　　그렇습니다. 이 경문을 해석하면서 나도 순간적으로 아찔한 느낌이 들었습니다. 이 글을 누가 썼는지 대충 짐작할 수 있었기 때문입니다.

김딴지 변호사　　바로 왕건이겠지요?

송함홍　　맞습니다. 이 경문은 왕건 세력이 민심을 사로잡기 위해 만들어 낸 조작극이었습니다. 왕건은 뛰어난 전략가였어요. 나는 이런 엄청난 사실을 알게 된 후 고민에 빠졌습니다. 사실대로 궁예에게 고했다가는 조정에 피바람이 불게 될 것이 뻔하고, 그러면 내 목숨도 어떻게 될지 모르는 판국이었으니까요. 그래서 나는 궁예의 정치를 칭찬하는 글이라고 적당히 둘러댔습니다.

김딴지 변호사　　증인의 말을 들어 보니 왕건의 거사는 최응이 말한 것과는 달리 치밀하게 계획된 거사, 즉 쿠데타였군요?

송함홍　　그렇습니다. 그뿐이 아니라 왕건 세력은 이미 정치를 떠나 숨어 지내던 당대 최고의 문인 최치원을 그들의 모의에 끌어들였습니다. 즉, 최치원이 일찍이 나라의 앞날을 예언하면서 "계림(鷄林)은 황엽(黃葉)이요, 곡령(鵠嶺)은 청송(靑松)이다"라고 했다면서 선전했지요.

김딴지 변호사　　그 말은 또 무슨 뜻입니까? 암호 같은 얘기만 계속하시니 이해하기 힘드네요.

송함홍　　하하. 그렇습니까? 설명해 드리지요. 계림은 신라의 서울이니 신라가 누런 낙엽이 되어 떨어질 것이고, 곡령은 송악에 있었던 고개이니 송악이 새로운 서울이 되어 푸른 소나무처럼 오랫동안 뻗어 나갈 것이라는 말입니다. 왕건은 이런 소문을 퍼뜨리면서 자신들의 세력을 모으고 민심을 자기편으로 돌리려고 했던 것입니다.

김딴지 변호사　왕건은 정말 치밀한 사람이네요.

송함홍　그렇습니다. 그리고 궁예가 죄 없는 사람들을 죽였다는 것이나 궁예가 왕건에 의해 쫓겨난 이후 백성에게 맞아 죽었다는 저들의 주장 또한 사실이 아니라는 것입니다.

김딴지 변호사　아, 그렇습니까? 대부분의 사람은 지금까지 궁예가 관심법을 한다면서 백성을 괴롭힌 나쁜 왕이라고 알고 있는데, 그게 사실이 아니라는 말씀이시군요? 그럼 말이 나왔으니 조금 더 자세하게 설명해 주시지요.

송함홍　네. 현재 우리가 알고 있는 궁예의 폭정이나 왕건의 거사 이야기는 주로 『삼국사기』나 『고려사』에 실린 것들입니다. 그러나 이 기록들은 승자의 입장에서만 기록하고 있어요. 즉, 왕건이 궁예를 내쫓고 왕위에 올랐기 때문에 궁예를 부정적으로 기술했을 가능성이 크다는 말입니다. 쿠데타에 성공한 사람은 영웅으로 기술되고 실패한 사람은 역적으로 남기 마련이지요. 이는 전 왕을 나쁜 쪽으로 이야기해야지만 자신이 왕을 내쫓은 명분을 확고히 하고, 동시에 돋보일 수 있기 때문이지요.

김딴지 변호사　판사님, 그리고 배심원 여러분, 증인 송함홍의 증언

『삼국사기』
고려시대 김부식(金富軾) 등이 1143년(인종 23년)에 기전체(紀傳體)로 편찬한 삼국에 대한 역사서입니다. 우리나라에 현전하는 가장 오래된 역사서로 고대사를 다룬 단순한 사료집이 아니라 한국 고대사를 설명한 최초의 역사책이랍니다.

사료
역사를 연구하는 데 필요한 문헌, 유물, 문서, 기록 등을 일컫는 말입니다.

녹봉
나라에서 관리들에게 일 년 또는 계절 단위로 나누어 주던 돈과 물품을 말합니다.

무오사화
조선 시대에 일어난 네 차례의 사화 중 제일 처음 일어난 사화입니다. 1498년(연산군 4년) 신진 사대부인 김일손이 훈구파인 유자광에게 화를 당한 사건으로, 역사 편찬의 기초가 되는 기록인 사초가 발단이 되어 일어났습니다.

으로 왕건의 거사가 치밀한 계획에 의한 쿠데타였으며, 왕건이 자신을 돋보이게 하고자 혁명으로 포장했다는 것이 확실해졌습니다.

이대로 변호사　　판사님, 이의 있습니다. 증인 송함홍이나 김딴지 변호사는 현재 남아 있는 기록을 성패론이라는 이름으로 거꾸로 해석하거나 왜곡하고 있습니다. 이는 역사의 편찬을 맡아 보던 사관의 자격이나 임무를 잘 몰라서 하는 말입니다. 예로부터 사관은 공명정대하며 '술이부작(述而不作)'의 정신을 갖고 있었습니다.

판사　　'술이부작'이라고요? 이것은 무슨 뜻입니까?

이대로 변호사　　'술이부작'이란 말은 사료와 견문에 의거하여 기록하되 이를 만들어 내거나 왜곡하지 않는다는 뜻입니다. 조선 시대의 사관을 보십시오. 그들은 국가로부터 녹봉을 받았다고 해서 무조건 왕을 칭찬하는 기록만 남겨 놓지 않았습니다. 왕에 대한 비판적인 기록도 모두 남겼지요.

판사　　구체적인 예가 있나요?

이대로 변호사　　물론입니다. 사관이 쓴 역사 기록은 왕조차 보지 못했고, 막강한 권력을 가진 사람이라고 할지라도 함부로 고칠 수 없었습니다. 조선 시대에 있었던 무오사화(戊午史禍)도 그 때문에 일어난 것 아닙니까? 따라서 『삼국사기』나 『고려사』 편찬자들이 일부러 사료를 조작하거나 없는 사실을 만들지는 않았을 것이라고 생각됩니다. 『고려사』에는 아지태 사건 이후, 왕건이 화를 당할까 두려워 나주로 내려갔다는 기록도 있고, 여러 부인과 혼인한 것에 대해서도 따질 것은 따지며 분명히 비판하고 있습니다. 사료를 조작했다면 아마도 이런 기록은 싣지 않았을 것입니다. 이는 『고려사』가 객관적으로 쓰였다는 증거입니다. 이 점을 명심해 주셨으면 합니다.

판사   자, 이제 시간이 다 되었군요. 오늘 재판에서는 왕건의 인물됨을 알아보고, 고려의 건국이 혁명이었는지 아니었는지에 대해 살펴보았습니다. 그럼 첫 번째 재판은 이것으로 마치겠습니다.

    땅, 땅, 땅!

지렁이의 아들, 견훤

　최근 학자들 중에는 견훤의 '甄' 자가 '견' 혹은 '진'으로 발음되는데, '견훤'
이나 '진훤'으로 모두 부를 수 있지만 '진훤'으로 읽는 것이 더욱 타당하다고
주장하기도 합니다. 그 근거 중의 하나로 견훤의 출생 설화를 들고 있는데요.
그럼 견훤의 출생 설화에 대해서 함께 살펴볼까요?

　경상북도 문경의 한 부잣집 딸에게 밤마다 자주색 옷을 입은 사내가 찾아
왔습니다. 그 사내는 날이 어두워지면 찾아왔다가 새벽에 동이 트면 이내 돌
아가 버리곤 했지요. 그 부잣집 딸은 그 사내가 누구인지 궁금했습니다. 뱃속
에 아기도 생겼고요. 그래서 아버지에게 모든 사실을 솔직하게 말했습니다.
그랬더니 아버지는 좋은 방법을 하나 알려 주었습니다. 그것은 바로 실을 바
늘에 꿰어 놓았다가 그 사내가 찾아왔을 때 몰래 옷자락에 꽂아 두는 것이었
습니다. 그 부잣집 딸은 아버지가 일러 준 대로 그 사내가 찾아온 날 그의 옷
자락에 바늘을 꽂았습니다. 그리고 다음 날 아침 바늘에 꿰인 실을 따라서 가
보았습니다. 그런데 금하굴에 다다르자 커다란 지렁이가 허리춤에 바늘을 꽂
고 있었습니다. 훗날 그 부잣집 딸이 아들을 낳았고, 그 아들이 바로 견훤입
니다.

다알지 기자

시청자 여러분 안녕하세요? 역사공화국에
서 누구보다 발 빠르게 뉴스를 전해 드리는, 법
정 뉴스의 다알지 기자입니다. 오늘은 견훤과 왕건
의 재판 첫째 날이었는데요. 원고 측에서는 왕건이 자신을 키워 준 궁
예를 배반하고 쿠데타를 일으켰다고 주장했습니다. 이에 대해 피고 측
에서는 궁예가 지나치게 포악했기 때문에 천명이 왕건에게 돌아간 것
이니 이는 쿠데타가 아니라 혁명이라며 반박했습니다. 오늘 재판의 원
고 측 증인으로는 환선길과 송함홍이 나왔으며, 피고 측 증인으로는
복지겸과 최응이 나왔는데요. 재판 첫날부터 양측의 날선 공방으로 흥
미진진했습니다. 자, 그럼 양측 변호사를 만나 오늘 재판에 대한 소감
을 들어 보겠습니다.

김딴지 변호사

오늘 재판에서 처음에는 약간 밀리는 듯했습니다. 특히 피고 측 증인으로 나온 최응이 궁예가 관심법을 행하면서 천명을 거슬렀기 때문에 천명이 왕건에게 돌아갔다고 했을 땐 정말 어이가 없었지요. 하지만 우리 측 마지막 증인인 송함홍도 만만치 않았어요. 왕건이 왕창근의 경문을 조작하면서 반란을 꾸몄으므로 왕건이 쿠테타를 일으킨 것이라고 증언했을 땐 정말 최고였지요. 그리고 궁예가 폭정을 행했기 때문에 왕건에게 쫓겨났다는 것은 그를 나쁘게 기록한 『고려사』나 『삼국사기』 때문이며, 따라서 궁예가 천명을 잃을 만한 폭군이었다는 주장은 사실과 다르다고 했을 땐 우리 측이 이번 재판에서 이기리라는 확신까지 들었습니다. 다음 재판에서도 맹공을 퍼붓겠습니다.

이대로 변호사

　오늘 재판을 위해 우리 측에서도 만반의 준비
를 다 했습니다. 그런데 원고 측 증인으로 나온 환
선길이 피고 왕건을 기회주의자에다 비겁한 사람으로
모는 데에는 정말 화가 났습니다. 환선길은 피고 왕건을 도와 고려를
건국하기도 했지만 이후 욕심이 생겨 반역을 꾀하다 죽임을 당한 인물
이 아닙니까? 그래서 그런지 너무 자기 입장에서 왕건을 헐뜯는 이야
기를 하더군요. 그런데 다행스럽게도 피고 왕건은 조금의 흔들림이 없
었습니다. 한때 불교에 심취하셔서 그런지 오늘도 참선을 하시며 마음
의 평정을 잃지 않으시더라고요. 미륵불이라 자칭하던 궁예와는 차원
이 다릅니다. 오늘 재판에서는 약간 밀리는 감이 있었지만 다음에는
꼭 원고 측의 논리를 무색하게 만들어 버리겠습니다.

왕건은 어떤
통일 정책을 펼쳤을까?

1. 왕건의 혼인은 어떻게 이루어졌을까?
2. 왕건의 통일 정책은 정당했을까?

1

왕건의 혼인은
어떻게 이루어졌을까?

판사 자, 지금부터 두 번째 재판을 시작하겠습니다. 원고 측 변호인부터 변론을 시작하시겠습니까?

김딴지 변호사 네, 감사합니다. 오늘은 고소장에서 밝힌 대로 왕건이 얼마나 여성을 가볍게 여겼는지에 대해 말씀드리고자 합니다. 여성은 하나의 독립된 인격체로서 인격적인 대접은 물론이거니와 고귀한 사랑을 나눌 자격이 있습니다. 여기서 제가 강조하고 싶은 것은 여성이 남성에게 이용당하는 존재가 아니라는 것입니다. 이 부분에 대해서는 누구나 동의할 것이라 생각합니다.

판사 서론이 좀 긴 듯합니다. 본론으로 들어가세요.

판사의 지적을 받은 김딴지 변호사는 순간 머쓱해 하더니 배심원

석으로 뚜벅뚜벅 걸어가 배심원을 향해 물었다.

김딴지 변호사   배심원 여러분, 왕건이 부인을 몇 명이나 두었는지 알고 계십니까?

배심원들은 서로의 얼굴을 쳐다보며 왜 그런 것을 묻는지 의아한 표정을 지었다.

김딴지 변호사   여러분 놀라지 마십시오. ▶왕건의 부인은 무려 29명 이나 됩니다. 그리고 더욱 놀라운 것은 왕건이 그 29명의 부인들 사이 에서 무려 26명의 아들과 9명의 딸을 낳았다는 것입니다. 여자를 분 별없이 좋아한 것이 아니고서야 어떻게 이렇게 많은 부인을 둘 수 있 겠습니까?

순간 모든 배심원의 시선이 피고 측에 앉아 있는 왕건에게 쏠렸 고, 너 나 할 것 없이 왕건에 대해 떠들어 댔다.
"뭐야, 왕건은 고려를 건국한 위대한 영웅인 줄만 알았더니······ 아니었어? 정말 실망이야."
"그러게 말이야. 어떻게 부인을 29명이나 둘 수 있지?"
"뭐가 어때서 그래. 옛날엔 지금처럼 일부일처제도 아 니었는데!"

김딴지 변호사　　그런데 여러분! 문제는 여기서 그치지 않습니다. 피고 왕건의 혼인 과정을 살펴보면 그가 얼마나 비인간적인지를 잘 알 수 있습니다. 이를 위해 왕건의 장인인 김행파를 증인으로 신청합니다.

판사　　허락합니다. 증인은 나와서 선서해 주세요.

김행파　　나는 이 신성한 법정에서 진실만을 말할 것을 선서합니다.

김딴지 변호사　　증인, 자기소개를 간단히 해 주세요.

김행파　　나는 황해도 동주(지금의 서흥)에서 비교적 부유하게 살던 사람입니다. 왕건이 제2의 수도로 삼은 서경(평양)을 오갈 때 많은 도움을 주었습니다. 나는 말을 잘 탔을 뿐만 아니라 활을 잘 쏴서 왕건이 내가 있는 곳을 지나갈 때면 종종 사냥을 해서 왕건과 그의 군졸들을 배불리 먹이곤 했지요.

김딴지 변호사　　듣자 하니 증인은 왕건의 장인이라고 하던데요. 어떻게 왕건과 증인의 딸이 결혼하게 되었는지 말씀해 주시지요.

김행파　　네. 그날도 나는 사냥꾼들을 데리고 사냥을 나갔다가 길에서 서경으로 향하던 왕건의 행렬과 마주쳤습니다. 그리하여 나는 여느 때처럼 우리 집에서 하룻밤 묵어갈 것을 왕건에게 청했지요. 왕건은 흔쾌히 내 요청을 받아들였고, 우리 집에서는 잔치가 벌어졌습니다. 그런데 흥이 무르익고 술잔이 몇 번 돌아가자 그는 내 딸의 안부를 물어 왔습니다. 나는 왕건이 내 딸을 몇 번 보았던 터라 단순히 안부를 묻는 것이겠거니 하며 대수롭지 않게 잘 있노라 대답했습니다. 그런데 그날따라 이것저것 꼬치꼬치 묻는 것이 아닙니까! 왕건이 내 딸을 마음에 두고 있는 것이 분명해 보였습니다. 그래서 나는 눈치를 채고 딸아이를 불러 왕건의 술 시중을 들게 했지요.

김딴지 변호사　그래서 어떻게 되었습니까?

김행파　그날 밤 왕건과 내 딸이 부부의 인연을 맺게 된 것이지요.

김딴지 변호사　증인에게는 왕건의 부인이 된 딸이 둘이나 된다고 들었는데요?

김행파　네, 맞습니다. 하룻밤을 지낸 왕건은 다음 날에도 돌아갈 생각을 하지 않았습니다. 할 수 없이 그날 저녁 또다시 연회를 베풀었지요. 그런데 이번엔 슬며시 내 작은딸에 대해 물었습니다. 내 작은아이도 큰아이 못지않게 예뻤거든요. 그렇게 하여 내 딸 둘이 왕건의 부인이 된 것입니다.

김딴지 변호사　보통 사람 같았으면 딸이 둘이나 왕비가 되었으니 영광이라고 생각했을 텐데…… 증인은 그렇지 않았군요? 이렇게 원고 측 증인으로 나선 것을 보니 말입니다.

김행파　네. 처음엔 나도 영광이라고 생각했습니다. 솔직히 한편으로는 출세의 길이 열릴 것이라 기대도 했지요. 그런데 그걸로 끝이었습니다. 나는 그가 정식으로 내 딸들과 혼인할 것이라 생각했지만, 왕건은 그날 이후로 코빼기도 내밀지 않았습니다. 체념한 나는 딸들을 준수한 마을 청년과 혼인시키려 했습니다. 그러나 심지가 곧은 내 딸들은 이를 한사코 거부했고, 결국 절에 들어가 스님이 되어 버렸지요. 그러니 딸 가진 부모의 심정이 어떠했겠습니까?

　김행파의 말이 끝나자 방청석 이곳저곳에서 혀를 차는 소리가 들렸다.

"쯧쯧, 그랬었군. 왕건은 여인을 사랑할 자격이 없는 사람이네."

"어허, 나도 딸이 있어 김행파라는 증인의 심정을 이해하겠어."

이를 본 김딴지 변호사는 사기가 올라 증인을 더욱 몰아갔다.

김딴지 변호사　그것으로 정말 끝이었나요?

김행파　그렇지는 않았습니다. 몇 년이 흐른 뒤, 그가 어디서 내 딸아이의 소식을 전해 들었는지 사람을 보내 딸들을 개경으로 부르더군요. 나는 '이제 그가 내 딸들을 정식 부인으로 맞이하려는구나' 하고 생각했습니다. 그런데 겨우 한다는 말이 "미안하오. 그러나 그대들이 이미 여승이 되었으니 그 결심을 어찌 꺾을 수 있겠소!" 하는 것이었습니다. 그러고는 조그만 절을 지어 딸들이 거처할 수 있도록 해 주었지요. 이것이 바로 내 두 딸이 대서원 부인, 소서원 부인이 된 연유입니다.

김딴지 변호사　여러분, 잘 들으셨지요? 왕건이 얼마나 뻔뻔하고 인정 없는 사람인지를요. 사실은 이런 일이 증인의 딸에게만 일어났던 것은 아닙니다. 제가 조사해 보니 이와 비슷한 일은 이전에도 있었습니다. 태조 왕건의 부인인 신혜 왕후 유씨도 왕건이 찾아오지 않자 스님이 되었다가 뒤늦게 왕건이 불러들여 정식 부인이 되었습니다.

판사　그런 경우가 한 번에 그친 것은 아니란 말씀이군요.

김딴지 변호사　네, 그렇습니다. 이 얼마나 몹쓸 짓입니까? 남자로서 책임감이 없는 행위이지요. 다행히 나중에라도 부인으로 삼았기

에 망정이지 앞서 증인의 딸처럼 버렸다면 한 여자의 일생
을 또 망쳤을 것 아닙니까?

판사   김딴지 변호사, 너무 흥분한 것 같습니다. 차분하
게 말씀해 주세요.

김딴지 변호사   알겠습니다. 그런데 문제는 이외에도 또 있습니다.

판사   이번엔 또 무엇입니까?

김딴지 변호사   왕건은 부인인 장화 왕후 오씨의 가문이 가난하고
변변치 않다 하여 그녀와의 사이에서 자식도 낳지 않으려 했습니다.

　　이를 가만히 듣고 있던 이대로 변호사가 더는 들어 줄 수 없다는
듯 벌떡 일어섰다.

이대로 변호사   판사님, 이의 있습니다. 지금 김딴지 변호사는 자기
에게 유리한 사료만 예로 들면서 피고를 나쁜 사람으로 몰아가고 있
습니다.

판사   일부 인정합니다. 김딴지 변호사는 사료를 공정하게 해석해
주시기 바랍니다.

김딴지 변호사   예, 알겠습니다. 29명의 부인을 다 예로 들 수는 없
지만 앞서 얘기한 세 가지 사례만 보아도 왕건이 여성을 존중하고
예의를 갖추어 혼인을 하지 않았다는 것을 알 수 있습니다.

이대로 변호사   판사님, 이번에는 제가 증인에게 몇 가지 질문을 해
도 되겠습니까?

판사　네, 그렇게 하세요.

이대로 변호사　감사합니다. 우선 증인은 잔치를 베풀 때 왕건이 먼저 딸을 불러오라 한 것처럼 말했는데 그것이 사실입니까? 하늘에 맹세컨대 본인의 사심은 없었나요? 예를 들면 개경에서 왕이 행차했으니 그를 잘 대접하면 후일 자신이 출세하는 데 많은 도움이 될 것이라는 생각이 전혀 없었느냐는 말입니다.

김행파　글쎄요. 솔직히 말씀드리면 그런 마음이 전혀 없었던 것은 아닙니다. 하지만 왕건이 내 딸들을 보고 싶어 한다는 것을 눈치챘습니다.

이대로 변호사　그렇습니까? 그렇다면 한 가지 더 묻겠습니다. 증인은 왕건이 왕위에 오른 지 5년 후인 922년에 동주라는 시골 고향을 떠나 고려 제2의 수도인 서경으로 이사를 갑니다. 그리고 거기에서 관직을 받았지요?

김행파　사실이긴 합니다만……

이대로 변호사　그렇다면 이는 왕건이 증인의 딸과 결혼한 것에 대해 보답한 것이 아닙니까? 말씀해 보세요.

김행파　…….

　이대로 변호사가 다그치듯이 묻자 김행파는 대답을 못하고 우물쭈물하고 있었다. 그러자 이대로 변호사가 말을 이었다.

이대로 변호사　판사님, 증인은 혼인의 대가로 서경에서 관직을 차지했음에도 불구하고 자신에게 불리한 대답을 회피하고 있습니다.

김행파　　그, 그건…….

이대로 변호사　　변명하지 마세요. 증인은 혼인의 대가로 관직을 받아 놓고도 원고 측의 증인으로 나온 배은망덕한 사람이 아닙니까?

김딴지 변호사　　판사님, 이의 있습니다. 이대로 변호사는 지금 증인에게 인신공격을 하며 위협하고 있습니다.

판사　　받아들입니다. 이대로 변호사, 인신공격성 발언은 삼가세요.

이대로 변호사　　네, 주의하겠습니다. 그리고 앞서 원고 측에서 제시한 사례에서도 전체적인 내용을 살펴보면 저들의 주장이 얼마나 억지인지 알 수 있습니다.

판사　　그렇습니까? 그럼 이대로 변호사, 무엇이 억지인지 설명해 주시죠.

이대로 변호사　　네. 앞서 말한 신혜 왕후 유씨의 일은 903년, 그러니까 왕건이 만 26세 때 일어난 일입니다. 그때 피고는 나주를 정벌하러 나가기에 앞서 유천궁의 요청으로 신혜 왕후를 만나게 되었습니다. 전쟁터에 나가 언제 죽을지 모르는 판국에 정식으로 결혼하여 여자를 과부로 만들면 좋겠습니까? 그것이 무책임하다고 비난받을 일인가요? 나중에 왕건이 그녀의 절개를 보고 제1부인으로 맞이했으니 된 것 아닙니까? 장화 왕후 오씨의 경우도 마찬가지입니다. 결혼하여 아들까지 낳아 놓고 전쟁터에서 죽었다고 생각해 보십시오. 아버지 없이 태어난 아이는 얼마나 외롭겠습니까? 이러한 배려 때문에 왕건이 정식으로 혼례를 치를 수 없었던 것뿐입니다.

판사   네, 이해가 되네요.

이대로 변호사   왕건의 이러한 입장을 확실히 증명하기
위해 왕건의 또 다른 장인인 왕유를 증인으로 신청합니다.

판사   네, 받아들입니다. 증인은 증인석으로 나오세요.

원외랑
벼슬아치들을 통솔하는 관청으
로 설치된 광평성(廣評省)에 속한
관직의 하나입니다.

　　선서를 마친 증인 왕유가 자리에 앉자 이대로 변호사가 차분하게
말했다.

이대로 변호사   증인, 자기소개를 해 주세요.

왕유   네. 나는 태조 왕건의 부인이었던 예화 부인의 아버지 왕유
입니다. 사실 내 원래 이름은 박유이지요. 나는 광해주(강원도 춘천)
출신으로, 열심히 공부하여 유교 경전과 역사서 등에 두루 통달했지
요. 그래서 처음에는 궁예 밑에서 벼슬살이를 했습니다. **원외랑(員外
郎)**이란 관직을 거쳐 태자의 교육을 책임지는 동궁 기실(東宮記室)까
지 지냈지요. 그러나 궁예가 날로 포악해지는 것을 보고 정치에 환
멸을 느껴 산속으로 들어가 숨어 지냈습니다. 그런데 얼마간 산속에
서 지내던 중 나는 태조 왕건이 궁예를 몰아내고 왕위에 올랐다는
소식을 듣게 되었습니다. 나는 왕건의 인품에 대해서 전부터 익히
알고 있었던 터라 이 사람이라면 내가 모실 만하겠다고 생각했지요.
그래서 그 즉시 산속 생활을 정리하고 그를 찾아갔습니다. 그랬더니
그는 나에게 관직을 주면서 중요한 일을 맡도록 했습니다. 나는 이
분이야말로 인재를 알아보는 분이구나 생각하고 열심히 모셨지요.

유폐
외진 곳에 깊숙이 가두어 두는
것을 말합니다.

이대로 변호사   그럼 증인의 딸과 왕건은 어떻게 결혼하게 되었습니까?

왕유   내가 그를 곁에서 열심히 모시자 그분은 나를 가족이나 마찬가지라고 생각했던 것 같습니다. 자기와 같은 왕(王)씨 성(姓)을 나에게 하사해 주었으니 말입니다. 그리고 얼마 지나지 않아 그는 내 딸과의 혼인을 제의해 왔지요. 나야 거절할 이유가 없었습니다. 내 딸이 왕건의 부인이 된다는 것은 우리 집안의 대단한 영광이었으니까요. 그래서 나는 흔쾌히 딸과의 혼인을 추진하여 왕건의 장인이 되었습니다.

이대로 변호사   아, 그러니까 왕건이 증인의 딸을 강압적으로 요구한 것이 아니었단 말씀이군요.

왕유   그럼요. 그분의 성품에 어디 그럴 리가 있겠습니까? 오히려 자신을 도와준 나에게 보답하는 차원에서 그렇게 한 것입니다.

이대로 변호사   존경하는 판사님, 그리고 배심원 여러분, 잘 들으셨지요? 사실 이러한 예는 왕건과 동산원 부인의 혼인 과정에서도 엿볼 수 있습니다. 동산원 부인의 아버지는 박영규라는 사람인데, 박영규는 원래 원고 견훤의 사위였습니다. 그는 견훤이 아들 신검에게 **유폐**당했다가 도망하여 고려에 귀순한 것을 보고 자신도 왕건에게 귀순하고자 후백제에 관한 정보를 왕건에게 제공했습니다. 그리고 그의 도움으로 왕건은 신검을 토벌할 수 있었지요. ▶그래서 왕건은 그에 대한 보답으로 그에게 벼슬과 전답을 내려주고 그의 딸과 혼인을 했습니다. 자신을

교과서에는

▶ 고려 태조 왕건은 지방의 세력을 끌어들이기 위해 그들에게 관직과 토지를 주었으며, 성(姓)도 내려 주었습니다.

도와준 사람에게 이렇게 은혜로 보답하는 것이 잘못된 것입니까?

정목 부인과의 혼인도 그러한 예에 속합니다. 정목 부인의 아버지 왕경은 원래 관경(官景)이었습니다. 성이 없었지요. 그는 원래 강원도 명주의 호족인 김순식 밑에 있던 사람인데 928년 김순식과 함께 귀순해 오자 왕건이 김순식과 관경에게 왕씨 성을 하사해 주어 각각 왕순식과 왕경이 되었습니다. 그리고 이후 왕건은 왕경의 딸을 아내로 맞이했으니 이 또한 은혜에 대한 보답이 아니고 무엇이겠습니까?

판사　알겠습니다. 다소 장황하지만 이해는 되는군요. 더 할 말이 있습니까?

이대로 변호사　네, 내친김에 한 말씀 더 드리고자 합니다. 이러한 예는 동양원 부인과의 혼인에서 단적으로 드러납니다. 이를 좀 더 정확하게 이해하기 위해 동양원 부인의 아버지인 유금필을 증인으로 신청합니다.

판사　피고 측 증인은 증인석으로 나와서 선서해 주세요.

유금필　나, 유금필은 신성한 법정에서 진실만을 말할 것을 선서합니다.

이대로 변호사　증인, 우선 자기소개부터 해 주시지요.

유금필　나는 평안도 평산 출신으로 어려서부터 무예를 닦아 싸움에는 일가견이 있었습니다. 그래서 궁예 밑에서 군인으로 일한 적도 있었지요. 그러나 궁예는 나의 무예와 재주를 알아보지 못했습니다. 하지만 왕건은 나의 재주를 알아보고 나를 매우 아꼈습니다. 나는 그에게 보답하기 위해 전투에 나가 큰 활약을 했지요. 한때 간신들의 모함을 받아 곡도(백령도)라는 섬에 유배되기도 했지만, 변함없는 충성심으로 유배지에서도 수군을 모아 그 지역에 침략한 후백제 해군을 격퇴하기도 했습니다. 935년에는 후백제에게 빼앗겼던 나주를 되찾았고, 936년 후백제 신검과의 마지막 전투에도 중군의 장군으로 참여하기도 했지요.

이대로 변호사　네, 자기소개 잘 들었습니다. 증인은 왕건을 도와 후백제를 정벌하는 데 정말 큰 공을 세우셨군요?

유금필 하하. 그렇습니다. 그러니 사람들이 나를 왕건의 오른팔이라고 부른 것 아니겠습니까? 듣자 하니 후대 사람들도 이런 나를 인정하여 왕건의 사당에 내 영정을 같이 모시기도 했다더군요.

이대로 변호사 아, 그렇군요. 그럼 당시 왕건은 증인에게 무척 고마워했겠군요. 맞습니까?

유금필 네, 맞습니다. 왕건은 이러한 나의 활약에 대한 보답으로 내 딸을 후비로 맞았지요.

이대로 변호사 존경하는 판사님, 그리고 배심원 여러분, 지금 증인의 말을 꼭 기억해 주시기 바랍니다. 지금까지 증인들의 증언으로 미루어 볼 때 왕건이 여성을 가벼이 여겨 무분별하게 혼인했다는 주장은 사실이 아니라는 것을 알 수 있을 것입니다. 왕건은 후삼국을 효과적으로 통일하기 위해 각지에서 세력을 떨쳤던 인물들의 딸과 혼인한 것이었습니다.

왕건의 부인들

번호	후비 명칭	성씨	출신지	현지명	후비의 아버지
1	신혜 왕후	류씨(柳氏)	정주	풍덕	천궁
2	장화 왕후	오씨(吳氏)	나주	나주	다련군
3	신명순성 왕후	유씨(劉氏)	충주	충주	긍달
4	신정왕태후	황보씨(皇甫氏)	황주	황주	제공
5	신성왕태후	김씨(金氏)	경주	경주	억렴
6	정덕 왕후	류씨(柳氏)	정주	풍덕	덕영
7	의성부원 부인	홍씨(洪氏)	의성	의성	유
8	동양원 부인	유씨(庾氏)	평주	평산	금
9	흥복원 부인	홍씨(洪氏)	홍주	홍성	규
10	숙목 부인		진주	진천	명
11	광주원 부인	왕씨(王氏)	광주(경기도)	광주	규
12	소광주원 부인	왕씨(王氏)	광주(경기도)	광주	규
13	성무 부인	박씨(朴氏)	평주	평산	지윤
14	예화 부인	왕씨(王氏)	춘주	춘천	유
15	정목 부인	왕씨(王氏)	명주	강릉	경
16	대명주원 부인	왕씨(王氏)	명주	강릉	예
17	신주원 부인	강씨(康氏)	신주	신천	기주
18	대서원 부인	김씨(金氏)	동주	서흥	행파
19	소서원 부인	김씨(金氏)	동주	서흥	행파
20	후대량원 부인	이씨(李氏)	협주	합천	원
21	월경원 부인	박씨(朴氏)	평주	평산	수문
22	몽량원 부인	박씨(朴氏)	평주	평산	수경
23	해량원 부인		해평	선산	선
24	헌목 부인	평씨(平氏)	경주	경주	준
25	천안부원 부인	임씨(林氏)	경주	경주	언
26	서전원 부인				
27	월화원 부인				영장
28	소황주원 부인				순행
29	동산원 부인	박씨(朴氏)	승주	순천	영규

왜 왕건의 부인은 29명일까?

왕건의 통일 정책은
정당했을까?

이대로 변호사　　그럼 여기에서 왕건이 어떠한 통일 정책을 써서 후삼국을 통일했는지 피고 왕건에게 직접 들어 보았으면 합니다.

판사　　네, 받아들입니다. 피고에게 직접 후삼국 통일에 대해 듣는다면 뜻깊은 시간이 되겠군요. 피고 왕건은 자리에서 일어나 자기소개를 해 주시기 바랍니다.

　피고 왕건이 자리에서 일어나자, 방청객들의 시선이 일제히 그에게로 쏠렸다.

　"와, 정말 키도 크고, 멋지시다!"

　"역시 후삼국을 통일할 만한 인물이야!"

왕건 　안녕하세요. 나는 분열된 후삼국을 통일하고 고려를 세운 왕건입니다. 당시 나는 고구려의 옛 영토를 회복하는 것이 나의 책무요, 소명이라고 생각했습니다. 나는 그 목적을 이루기 위해서 내 인생을 받쳤습니다. 그리고 결국 후삼국을 통일하고 고려를 세우는 대업을 이뤘지요.

이대로 변호사 　먼저 평소에 제가 궁금했던 것 한 가지를 묻겠습니다. 피고는 북진 정책을 추진한 것으로 알려져 있는데요. 북진 정책을 추진한 이유가 무엇입니까?

왕건 　▶내가 북진 정책을 추진한 이유는 고구려의 옛 땅을 회복하기 위함이었습니다. 그래서 나는 나라 이름도 삼국 시대의 '고구려'를 뜻하는 '고려'라고 지었지요. 실제로 중국 사서에는 고구려를 '고려'라고 표현한 예가 많이 나오지요. 그러나 '고구려'를 '고려'라고 하면 918년 내가 세운 '고려'와 혼동할 수 있기 때문에 지상 세계에서는 '고구려'와 '고려'를 구분해 서술하고 있을 뿐입니다.

이대로 변호사 　제가 알기로는 이미 궁예 때에도 잠시 '고려'라는 국호를 사용한 적이 있는데 그것과는 어떤 차이가 있나요?

왕건 　901년 궁예도 '고려'라는 국호를 잠시 사용한 적이 있었지요. 그는 "옛날에 신라가 당나라에 병사를 요청하여 고구려를 멸했기 때문에 옛 서울인 평양이 황폐하여 풀만 무성하니 내가 반드시 그 원수를 갚으리라" 하면서 신라에게 멸망한 고구려의 원수를 갚겠노라 공언했습니다. 궁예가 이 말을 한 것은 그가 차지하고 있던 지역이 대부분 고

교과서에는

▶ 고려 태조 왕건은 북진 정책을 추진했으며, 옛 고구려를 계승한다는 뜻으로 국호를 '고려'라 했습니다.

　왜 왕건의 부인은 29명일까?

구려의 영역이었기 때문이지요. 따라서 이는 고구려 유민들을 포섭하기 위한 술책일 뿐이었습니다. 그러나 백성들은 궁예의 말을 믿지 않았습니다. 궁예는 본래 신라 왕실 출신인데 그런 그가 고구려 부흥을 외친다니 그 말을 믿을 수 있었겠습니까?

이대로 변호사　그럼 피고는 고구려의 유민인가요?

왕건　그렇습니다. 나의 조상이 백두산 쪽에서 내려왔다고 하니 정통 고구려 유민이지요. 그래서 나는 고구려 유민들의 큰 호응을 얻었고, ▶고구려의 수도였던 평양을 제2의 수도인 서경으로 삼았지요. 또 이곳의 책임자로 나의 사촌 동생인 왕식렴을 임명했습니다. 그 결과 내가 통치하던 말년에는 통일 신라 때보다 북방 영토가 훨씬 넓어지게 되었습니다.

이대로 변호사　아, 그랬군요. 결국은 현재 우리나라 영토가 이만큼이나 된 것도 피고 왕건의 북진 정책이 기초가 된 것이라는 이야기군요.

왕건　네, 그렇습니다.

　이때 가만히 듣고 있던 김딴지 변호사가 벌떡 일어나 강력한 어조로 말했다.

김딴지 변호사　판사님, 이의 있습니다. 피고 측 변호인은 지금 진실을 왜곡하고 있습니다. 이대로 변호사의 말을 들으니 마치 왕건이 아니었으면 우리 영토는 더 작아졌을지

교과서에는

▶ 고려 태조 왕건은 고구려의 수도였던 서경을 중시하여 이곳을 북진 정책을 추진하는 전진 기지로 삼았습니다.

도 모른다는 생각까지 드는군요.

판사 일부 인정합니다.

김딴지 변호사 그렇다면 저도 하나 묻지요. 피고는 견훤에 대해 얼마나 알고 있습니까? 아는 대로 말씀해 주시지요.

왕건 네, 견훤은 후백제의 왕으로 전주에 도읍을 정하여 백제의 부흥을 꿈꾸었지요.

김딴지 변호사 그렇습니다. 대부분의 사람은 지금 피고가 말한 것처럼 견훤이 백제를 부흥시켜 백제의 영역만 차지하려 했다고 말합니다. 그러나 그분은 절대 그런 졸장부가 아니었습니다. 927년 왕건에게 보낸 서신에 보면 이런 구절이 있습니다. "내가 기약하는 바는 평양의 누각에 활을 걸고 패강(대동강) 물에 말의 목을 축이게 하는 데 있다"라고 했습니다. 이는 그가 평양까지 차지하여 영토를 개척하겠다는 뜻이 아니고 무엇입니까? 이 점을 강조하고 싶습니다.

이대로 변호사 그것은 억지 주장입니다. 당시 그 서신은 견훤이 공산 전투에서 왕건에게 승리한 후, 계속 대항하면 고려를 멸망시킬 수도 있다는 협박을 한 것에 지나지 않습니다. 판사님, 제가 계속 질문해도 되겠습니까?

판사 좋습니다. 피고 측 변호인 계속하세요.

이대로 변호사 네, 감사합니다. 그럼 그 외에 다른 정책으로는 무엇이 있었나요?

왕건 나는 지방의 호족들을 포섭하기 위해 여러 정책을 펼쳤습니다. 먼저 나는 즉위하자마자 지방의 호족들에게 사신을 보내어 선

물을 후하게 주고 겸손함을 보여 호의의 뜻을 표했지요.
그랬더니 여기저기서 많은 호족이 나에게 귀부해 왔습니
다. ▶이들이 귀순해 올 때는 대개 자신의 아들을 먼저 보
냈는데 나는 이들을 곁에 두고 대접하면서 그 출신지에 대
한 여러 정보를 묻기도 했습니다. 이것이 후일 각 지방 호
족들의 자제가 중앙에 올라오는 기인 제도(其人制度)로 발

교과서에는

▶ 고려 태조 왕건은 지방의
호족들을 견제하기 위해서
사심관과 기인 제도를 이용
했습니다.

귀부

스스로 찾아와서 복종하는 것을
말합니다.

기인 제도

지방의 호족들을 견제하기 위하
여 그 자제들을 인질로서 서울에
데리고 왔던 제도입니다.

전했습니다. 한편 지방의 대호족들이 귀부해 올 경우 내게
협조를 많이 한 사람에게는 왕씨 성을 하사해 주기도 했습
니다. 김순식이나 김예, 박유 등이 그런 예로 이들을 가족
으로 받아들이겠다는 뜻이었지요.

이대로 변호사　　　그럼, 호족들에게만 잘해 주었나요? 일반
백성을 위한 시책은 없었나요?

왕건　　왜 없었겠습니까? 사실 ▶내가 가장 힘쓴 부분은 민생 안정
이라 볼 수 있지요. 궁예 시절에는 가혹한 세금으로 인해 생업을 버
리고 여기저기 떠도는 유민이 많았습니다. 이렇게 궁핍했던 백성을
위해 나는 조세 제도를 바로잡았습니다. 10분의 1세를 적용하여 수
확량의 10분의 1만을 세금으로 거두었지요. 나는 억울하게 노비가
된 자를 풀어 주는 정책도 시행했습니다. 일정 기간 동안 조세를 면
제해 주고 죄인들을 특별히 사면하는 정책도 취했습니다. 나는 또
흑창(黑倉)을 설치하여 빈민을 구제했습니다. 흑창 제도는 국가에서
곡식을 저장했다가 궁핍한 백성들에게 빌려 주고 추수가 끝난 뒤에
갚도록 하는 시책이었지요. 이런 시책들로 인해 나는 백성
의 마음을 사로잡을 수 있었습니다.

이대로 변호사　　　신라나 후백제에 대해서는 어떤 정책을
취했나요?

왕건　　솔직히 말씀드리자면 당시 신라는 껍데기만 남았
다고 할 수 있습니다. 따라서 내가 무력으로 신라를 취하
려 했다면 얼마든지 취할 수 있었습니다. 그러나 그렇게

교과서에는

▶ 태조 왕건은 취민유도(取
民有度)를 내세우며 호족들
이 지나치게 백성들로부터
세금을 거두지 못하게 했으
며, 세율을 1/10로 낮추었
습니다. 또한 가난한 사람들
을 구제하기 위한 기구로 흑
창을 설치했지요.

삼태사 보물각. 고려의 공신인 김선평, 권행, 장길 등 3인을 3태사라 하며 이들의 위패를 모신 사당이 경상북도 안동에 있습니다.

하지 않았지요. 나는 스스로 신라의 신하라고 말하면서 신라를 끝까지 존중하고 우대했습니다. 처음 내가 태어났을 때는 신라의 백성이었으니까요. 그러나 견훤은 나와 달랐습니다. 신라를 업신여기고 적으로 여겼지요. 신라의 군인이었던 그가 말입니다. 심지어 견훤은 신라의 서울인 금성(경주)을 침범하여 마음대로 왕을 죽이고 대신과 백성들까지 학살했습니다. 그러니 신라 사람들이 견훤을 미워하는 한편, 나를 도와주었습니다. 이는 930년 고창군(안동) 전투에서 김선평, 권행, 장길과 같은 신라인의 도움을 받아 제가 승리할 수 있었던 것이 이를 증명해 줍니다.

이대로 변호사   그 증언이 사실이라면 신라인들이 피고를 정말 좋아했겠네요.

왕건 맞습니다. 그래서 931년 내가 신라를 방문하자 경주 사람들이 울면서 말하기를 "견훤이 왔을 때는 이리나 범을 만난 것 같았는데 이제 왕 공이 오니 부모를 만난 것이나 다름없습니다"라고 말한 것입니다. 마지막에 신라의 경순왕이 고려에 귀순한 것도 이런 이유 때문이지요.

이대로 변호사 네, 알겠습니다. 저도 기록에서 보니 그런 점을 알 수 있었습니다. 928년 피고가 후백제 견훤에게 보낸 조서에 보니 이런 글이 있더군요. "나는 마음에 미워함을 숨겨 둠이 없고 뜻은 신라 왕실을 높임에 간절하므로, 장차 조정을 구원하여 나라를 위태로움에서 붙들려고 했다. 그대는 터럭만 한 작은 이익을 보고 천지와 같은 후한 은혜를 잊고 임금을 죽이고 궁궐을 불사르며 대신을 학살하고 백성을 도륙했다"라고요.

왕건 그렇습니다. 이대로 변호사가 자료를 많이 찾아보고 왔군요.

이대로 변호사 네, 그렇습니다. 사실 925년 10월에 고울부(경상북도 영천)의 장군 능문이 군사를 거느리고 고려에 귀순한 적이 있습니다. 그러나 피고 왕건은 그를 다시 돌려보냈지요. 신라의 왕도인 경주에 인접해 있는 고울부를 받아들여 신라를 공격하려 한다는 오해를 받지 않으려고 했던 것입니다. 또 왕건은 신라가 위험에 처했을 때 원군을 보내기도 했습니다. ▶920년 견훤이 신라의 대량(합천), 구사(초계)의 고을을 침략하자 신라가 아찬 김율을 보내어 왕건에게 구원 요청을 했고, 이를 받아들인 왕건이 군사를 보내 신

교과서에는

▶ 신라에 대한 고려의 우호적인 정책은 신라인들을 회유하는 데에 아주 효과적이었습니다. 실제로 태조는 후백제가 신라를 공격했을 때 신라를 도와 이들을 막아 냈는데, 이 때문에 신라인의 신망을 얻어 결국 경순왕이 스스로 항복한 것입니다.

라를 구원한 것입니다. 신라에 대한 의리를 끝까지 지키려 한 것이죠. 이를 볼 때 왕건이 의리가 있고 도량이 크다는 말이 빈말이 아니었음을 알 수 있습니다.

그러자 김딴지 변호사가 빙그레 웃으며 자리에서 일어섰다.

김딴지 변호사　피고가 의리가 있고 도량이 크다고요? 과연 그럴까요? 판사님, 제가 피고에게 반대 신문을 해도 되겠습니까?

판사　받아들입니다. 질문하세요.

김딴지 변호사　우선 묻겠습니다. 조금 전 피고 왕건은 즉위하자마자 호족들에게 선물을 주고 화의의 뜻을 보였다고 말했습니다. 맞습니까?

왕건　네, 그렇습니다.

김딴지 변호사　아니, 그것이 도량이 넓고 의리 있는 사람이 취할 행동입니까? 뇌물을 주어 상대를 자기편으로 만드는 것은 소인배들이나 하는 짓 아닙니까? 진정한 정치가나 영웅이라면 인품이나 정책으로 백성의 마음을 얻어야 하는 것 아닙니까?

김딴지 변호사가 반박하자 방청객들이 여기저기서 수군거렸다.

"글쎄, 그렇게 볼 수도 있겠네."

"그 선물도 결국은 백성이 낸 세금으로 마련한 거 아닌가?"

김딴지 변호사　　또한 피고는 10분의 1세를 실시하여 세금을 감면해 주었다고 했는데 그것이야말로 백성을 속인 정책입니다. 당시에는 전쟁으로 인해 농토가 황폐해져서 수확량이 얼마 되지 않는데도 수확량을 과다하게 정해 놓고 세금이 10분의 1이라는 점만 강조했습니다. 이는 학자들도 동의하고 있는 것입니다. 셈을 잘 모르는 백성을 기만한 것입니다. 증인, 그렇지 않습니까?

왕건　　…….

김딴지 변호사　　이럴 줄 알았어요. 대답을 못하지 않습니까? 피고 왕건이 무지한 백성을 속인 것이 확실합니다. 또 견훤이 신라의 서울을 침범해 임금을 죽였다는 점에 대해서도 진실을 밝혀 보도록 하겠습니다. 자, 증인은 당시 견훤이 신라의 경애왕을 살해하는 장면을 직접 보았습니까?

왕건　　직접 보지는 못했지만 많은 사람이 그렇게 알고 있습니다.

김딴지 변호사　　그렇지 않습니다. 견훤이 고울부에 출동했던 것은 사실입니다. 그러나 이는 신라를 배신한 고울부를 처단하기 위한 것이었습니다. 게다가 신라 조정은 고려에 구원을 요청한 상태라 견훤은 왕건의 군대가 들이닥치기 전에 부패하고 무능한 경애왕에게 충고를 하기 위해 경주로 달려갔습니다. 그리고 경애왕을 앞에 앉혀 놓고 그동안의 실정을 추궁했습니다. 그랬더니 경애왕 스스로 부끄러움에 못 이겨 자살을 한 것입니다. 고려 사람들이 쓴 『삼국사기』나 『삼국유사』에도 자살을 뜻하는 '자진(自盡)'이라고 쓰여 있습니다. 따라서 견훤이 직접 경애왕을 살해했다는 것은 사실과 다릅니다. 더

욱이 경애왕의 성씨가 뭡니까? 혹시 알고 있습니까?

왕건　　왕이었으니 당연히 김씨가 아닌가요?

김딴지 변호사　　이러니 한심하다는 것 아닙니까? 경애왕의 성은 박씨입니다. 경애왕의 아버지인 신덕왕이 김씨가 계속 이어 오던 왕위를 찬탈한 것이지요. 그렇게 박씨가 왕위를 빼앗았으면 정치라도 잘

해야 하는 것 아닙니까? 그런데 오히려 경애왕 때, 신라의 지도자들은 부패했고 사회는 더욱 혼란스러웠습니다. 그러자 재기를 꿈꾸고 있던 김씨 진골 세력이 군사적 열세를 보완하기 위해서 견훤에게 도움을 요청했고, 견훤은 이것을 받아들여 박씨인 경애왕 대신 김씨인 경순왕을 옹립한 것입니다. 그것이 잘못된 것인가요? 견훤이 만약 왕이 되고자 했다면 경애왕이 죽은 후 자신이 직접 신라의 왕이 되었겠지요. 그렇지 않습니까?

왕건 ······.

김딴지 변호사 존경하는 판사님, 그리고 배심원 여러분, 우리는 지금까지 왜곡된 역사를 배워 왔습니다. 그러나 이제라도 역사의 진실이 무엇인지 똑바로 알아야 한다고 생각합니다.

이대로 변호사 판사님, 이의 있습니다. 지금 원고 측 변호인은 진실을 왜곡하고 있습니다. 물론 역사서에는 신덕왕, 경명왕, 경애왕이 박씨로 나오지만 이것은 잘못 기록된 것입니다. 신덕왕도 원래는 김씨 혈통이었습니다. 그런데 그의 아내이자 헌강왕의 딸인 의성 왕후가 같은 김씨였기 때문에 성이 같으면 결혼을 할 수 없었기에 성을 박씨로 고친 것입니다.

김딴지 변호사 그랬다는 증거가 있습니까? 증거를 제시해 보시지요.

이대로 변호사 증거는 없습니다만 그럴 가능성은 충분히 있죠.

김딴지 변호사 이대로 변호사, 지금 가능성만 놓고 재판을 하자는 겁니까?

판사 자, 이제 시간이 다 되었군요. 오늘 재판은 왕건이 정말 명분도 없이 여러 여자와 혼인했는지 또 왕건의 통일 정책이 정당한 것이었는지에 대해 살펴보았습니다. 이 자료와 증인들의 증언은 다음 주에 열릴 세 번째 재판에 주요한 증거가 될 것입니다. 그럼 두 번째 재판은 이것으로 마치겠습니다.

땅, 땅, 땅!

경애왕과 포석정

　　경주 남산 서쪽 기슭에 있는 포석정은 신라의 왕들이 술잔을 띄워 놓고 시를 읊으며 연회를 하던 장소라고 합니다. 신라의 경애왕 역시 후백제군이 침입했던 위급한 상황에서도 포석정에서 간신들과 궁녀들에 둘러싸여 술판을 벌였다고 알려져 있지요. 하지만 나라의 운명이 위태로운 때에 정말 경애왕이 신하들과 어울려 술 마시고 즐기고 있었던 것일까요?

　　『화랑세기』 필사본에서는 포석정을 포석사(鮑石祠)라고 표현하고 있는데요, 이 때문에 일부 학자들은 포석정을 신주(죽은 사람의 위패)를 모시는 사당으로 보기도 합니다. 그리고 1998년에는 제사에 사용된 것으로 보이는 제기류가 발굴되면서 사당이었을 것으로 추측합니다. 따라서 이 포석정은 연회를 즐기던 곳이 아니라 나라의 안녕을 기원하면서 제사를 드리던 신성한 공간이었다고도 생각할 수 있습니다. 그렇다면 경애왕이 잔치를 벌이고 놀이에 빠져 있었던 것이라기보다는 나라의 안위를 위해서 제사를 지내다가 변을 당한 것으로 볼 수도 있습니다.

포석정

다알지 기자

시청자 여러분 안녕하세요. 역사공화국에
서 누구보다 빠른 뉴스, 법정 뉴스의 다알지 기자
입니다. 오늘은 견훤 대 왕건의 재판 둘째 날이었는데
요. 원고 측에서는 왕건이 후삼국을 통일한다는 명목으로 많은 여성과
분별없이 혼인했다고 주장했습니다. 이에 대해 피고 측에서는 왕건의
부인이 많은 것은 그가 여성을 특별히 좋아해서가 아니라 통일 정책
의 하나였다고 반박했습니다. 오늘 원고 측 증인으로는 김행파가 나왔
고, 피고 측 증인으로는 왕유와 유금필이 나와 왕건이 왜 많은 여성과
결혼할 수밖에 없었는지를 증언해 주었습니다. 그리고 피고 왕건이 직
접 통일 정책과 나라의 기틀을 마련하기 위해 어떤 정책을 폈는지 들
려 주었습니다. 그럼 방금 재판을 마치고 나온 양측 변호사를 만나 오
늘 재판에 대한 소감을 한마디 들어 보도록 하겠습니다.

김딴지 변호사

　오늘 이대로 변호사도 변론을 잘했지만 나를
따라오지는 못한 것 같군요. 제가 증인으로 신청한
김행파의 증언을 들어서 아시겠지만, 왕건은 자신의 정
치적 목적을 이루기 위해 여성을 이용했습니다. 이는 비난받아 마땅한
일이지요. 그리고 무엇보다 오늘 재판의 성과라고 한다면 경애왕이 사
료에 '자진(自盡)'했다고 되어 있다거나 그가 박씨였다는 사실을 알린
것입니다. 제가 이 증거 자료들을 찾기 위해 얼마나 많은 노력을 했는
지 아십니까? 『고려사』는 물론이고 『삼국사기』, 『삼국유사』를 밤새워
가며 모두 읽었어요. 물론 그에 관한 논문도 여러 편 읽었고요. 다음 재
판에서도 꼭 좋은 결과를 보여 드리겠습니다.

이대로 변호사

　　　　　　 저도 오늘 재판을 위해 학자들 못지않게 많이
　　　　　공부했습니다. 특히 왕건의 혼인 부분에 대해서는
　　　　사료적 근거와 당시의 정황을 정확하게 파악하려고
노력했지요. 기자님도 보셨을 텐데요, 제가 당시의 정황과 왕건의 혼
인, 그리고 그의 통일 정책을 얼마나 조리 있게 잘 설명했는지 말이에
요. 증인과 피고의 증언을 들어서 아시겠지만, 왕건이 부인을 29명이
나 두게 된 것은 자신을 도와준 사람들에 대한 보답의 의미였습니다.
왕과 일족이 되는 것은 영예로운 일이었으니까요. 피고 왕건은 단 한
번도 강제로 혼인을 요구한 적이 없습니다. 그러니 여성을 정치적으로
이용했다는 비난은 거두는 게 좋을 거예요. 그렇지 않으면 우리 쪽에
서도 명예훼손 소송을 제기할 겁니다.

왕건이 세운 고려의 아름다운 고려청자

나누어진 후삼국을 통일하여 고려를 세운 왕건. 시련을 딛고 하나의 나라로 자리 잡은 고려는 많은 유물과 유산을 남겼어요. 그중에서도 고려청자는 세계가 인정할 만한 아름다움으로 우뚝 서 있지요. 그러면 고려가 남긴 아름다운 고려청자의 세계를 들여다볼까요?

청자 연꽃 넝쿨 무늬 매병

고려 시대에 만들어진 푸른빛의 자기를 통틀어 '고려청자'라고 하는데 흙으로 빚어 구워 만들었어요. 사진 속 유물은 고려청자 중 연꽃 넝쿨 무늬가 있는 것이 특징이에요. 조각칼로 무늬를 파서 만든 것으로 높이가 43cm가 넘는 매병이랍니다. 여기서 매병은 입이 작고 어깨 부분이 넓어졌다가 서서히 좁아져 가는 형태의 병을 말해요. 우리나라 국보 97호로 지정되어 보호받고 있는 유물이에요.

청자 참외 모양 병

고려 17대 임금인 인종의 무덤에서 출토
된 도자기로 참외 형태의 몸체를 한 것이
특징이에요. 참외 형태의 몸에 입구는 꽃
모양으로 벌어져 있어요. 도자기에 액체
나 기체가 스며들지 못하게 하고 겉면에
광택이 나도록 덧씌우는 약을 '유약'이라
고 하는데, 이 유물은 반투명한 유약이 골
고루 발라져 있어 색이 매우 아름답지요.

청자 상감 모란 넝쿨 무늬 주전자

고려청자를 만들려면 모양을 갖추고 두
번 구워야 하는데 그 과정이 60~70일 정
도 걸린다고 해요. 그만큼 오랜 정성과 노
력으로 만들어진 유물이지요. 이러한 고
려청자 중에는 사진 속 유물과 같은 조롱
박 형태를 띤 것이 많아요. 술과 같은 액체
를 담을 수 있도록 만들어진 것이에요.

청자 칠보 무늬 향로

고려청자는 다양한 용도로 만들어졌는데, 사진 속 유물처럼 향로로
도 만들어졌어요. 특히 이 유물은 음각, 양각, 투각 등 다양한 기법이
조화롭게 이용된 것이 특징이에요. 그뿐만 아니라 청자의 아름다움
에 빠진 송나라 사신이 고려청자의 색이 너무도 귀하고 아름다워 궁
중에서만 사용되는 비밀스러운 색깔이라고 평한 고려청자만의 비색
을 잘 담고 있답니다.

왜 고려가 후삼국을 통일했을까?

1. 경순왕은 왜 신라를 고려에 바쳤을까?
2. 후백제는 왜 멸망했을까?

1

경순왕은 왜 신라를 고려에 바쳤을까?

판사　자, 지금부터 견훤과 왕건의 마지막 재판을 시작하겠습니다. 오늘은 과연 우리가 알고 있는 것처럼 신라의 마지막 임금인 경순왕이 왕건의 덕과 인품에 감복하여 신라를 고려에 내주었을까 하는 문제에 대해 살펴보기로 하겠습니다. 그럼 원고 측 김딴지 변호사부터 변론을 시작하세요.

김딴지 변호사　네, 감사합니다. 저희 측에서는 우선 경순왕이 배신자라는 점을 강조하고자 합니다. 사실 경순왕이 왕위에 오른 이후에도 원고 견훤은 마음만 먹는다면 얼마든지 무력으로 신라를 접수할 수 있었습니다. 이는 당시 후백제가 최전성기를 맞고 있었기 때문이지요. 하지만 견훤은 자신이 한때 신라의 군인으로 있었기 때문에 신라에 대한 의리를 지키고자 했습니다. 그런데 경순왕은 자신을 신라의 왕위에 오르도록 도와준 견훤을 배반하고 고려에 귀순해 버렸습니다. 이것은 고려의 왕건이 무력으로 후백제를 당해 낼 수 없으니까 신라 사람들을 꼬여서 물밑 작전을 펼쳤기 때문입니다. 이는 당시 신라의 태자였던 마의 태자가 소상히 알고 있을 것입니다. 판사님, 마의 태자를 증인으로 신청합니다.

판사 받아들입니다. 증인 마의 태자는 증인석으로 나오세요.

    그러자 증인인 마의 태자가 침통한 표정으로 증인석에 나와 선서를 마친 뒤 자리에 앉았다.

김딴지 변호사 증인, 먼저 자기소개를 해 주세요.

마의 태자 나는 신라의 마지막 임금인 경순왕의 아들입니다. 신라가 고려에게 대항할 길이 없어 항복하고자 할 때 나는 이를 반대했지요. 그러나 결국 신라는 고려에 넘겨졌고, 이를 받아들일 수 없던 나는 개골산(금강산)에 들어가 살다가 생을 마감했습니다. 왕건의 회유 작전에 휘말려 멸망한 신라를 생각하면 지금도 눈물이 앞을 가립니다.

김딴지 변호사 네, 증인은 경순왕의 태자였으니 당시 상황을 잘 알고 있겠군요?

마의 태자 예, 아주 잘 알고 있습니다.

김딴지 변호사 제가 알기로는 당시 왕건이 신라의 오래된 신하를 이용해 경순왕을 회유했다는데, 그 신라의 신하가 누구입니까?

마의 태자 네, 바로 재암성(경상북도 청송군 진보면)의 장군이었던 선필이란 사람입니다. 어느 날 그가 태조 왕건의 친서를 가지고 왔는데, 거기에는 고려가 항상 신라를 도우려 하고 있으니 영원한 의리를 지키자는 내용이 쓰여 있었습니다. 당시 국력이 쇠약했던 신라로서는 신라의 군인이었던 견훤보다 왕건과 힘을 합치는 것이 낫다고 생각하여 이를 받아들였지요. 이후에도 선필은 고려와의 관계에서 많은 역할을 했습니다. 그리고 그는 그 대가로 고려로부터 많은 선물을 받았고, 930년에는 아예 고려에 귀순해 버렸지요. 듣자 하니 왕건은 고려에 귀순한 그를 후한 예로써 보답하고, 상부(尚父)라 했다더군요. 아버지와 같은 존재로 우대했다는 말입니다.

김딴지 변호사　　그러면 그가 고려에 귀순한 후 신라에 대한 정보를 고려 측에 많이 제공했겠군요. 그리고 아마도 경순왕이 고려에 투항하는 데에도 그의 힘이 작용했을 것이고요. 안 그렇습니까?

마의 태자　　당연히 그랬지요.

김딴지 변호사　　그럼, 증인은 아버지 경순왕에 대해서는 어떻게 생각합니까?

마의 태자　　글쎄요, 말씀드리기 뭣합니다만 아버지와 나는 생각이 달랐습니다. 나는 기왕 견훤의 힘으로 왕이 되었으니 그와 손을 잡고 나라를 다시 일으키는 것이 좋다고 생각했지요. 그것이 의리이기도 하지만 무엇보다도 군사력 면에서 견훤이 훨씬 더 우세했기 때문이었습니다. 그리고 나는 신라가 지나치게 고려와 잘 지내려는 정책에도 반대했습니다. 전 왕인 경애왕도 사실은 지나친 친고려 정책때문에 화를 당하셨다는 것을 알고 있었으니까요.

그래서 나는 아버지가 고려에 귀순한다는 생각을 밝히셨을 때에도 "나라의 존망에는 반드시 천명이 있으니, 마땅히 충신(忠臣)과 의사(義士)들과 더불어 민심을 수습해서 스스로 나라를 굳게 하다가 힘이 다한 후에야 마지막 결정을 하는 것입니다. 그런데 어찌 이 천 년 사직을 하루아침에 쉽사리 남에게 내주려 하십니까?"라면서 반대했습니다. 그러자 아버지는 "외롭고 위태함이 이와 같아 형세로 볼 때 나라를 보존할 수 없으니 대항할 만큼 강하지도 못하고 그렇다고 아주 약하지도 못하여 무고한 백성을 전쟁으로 몰아 참혹하게 죽이는 짓은 내가 차마 하지 못하겠다"라면서 귀순을 결정하셨지요.

김딴지 변호사　　그래서 증인은 어떻게 했습니까? 아버지의 결정을 따랐나요?

마의 태자　　아니요. 나는 아버지 명을 도저히 따를 수 없었습니다. 그래서 나는 혼자라도 나라를 지키겠다는 결심을 하고 동해안을 따라 북상하면서 의병들을 모았습니다. 그리고 이곳저곳에서 저항을 했지요. 그러나 역부족이었고, 결국 나는 개골산으로 들어가 베옷을 입고 풀뿌리를 캐 먹으면서 역사의 죄인으로 살았습니다. 그래서 사람들은 나를 베옷을 입은 신라의 태자라는 뜻으로 '마의 태자(麻衣太子)'라고 부르지요.

김딴지 변호사　　아, 결국 경순왕이 왕건의 회유 정책에 넘어갔군요. 그런데 왕건의 교활함은 여기에서 그치지 않았지요? 제가 듣기로 왕건은 이후 고려로 귀순한 경순왕과 자신의 딸인 낙랑 공주를 강제로 혼인시켰다고 합니다. 이는 경순왕이 딴마음을 먹지 않도록 하

기 위해서였지요. 한마디로 왕건은 자신의 목표를 이루기 위해 여성을 이용했던 것입니다. 그런데 어디 그뿐입니까! 왕건은 신라 왕실의 딸을 요구하여 경순왕은 하는 수 없이 큰아버지의 딸, 즉 조카를 왕건에게 주었습니다. 혼인 관계를 맺어 경순왕을 꼼짝 못하게 하는 한편 자신도 신라 왕실과 피를 나눈 사람임을 알리려 한 것이지요. 존경하는 판사님, 그리고 배심원 여러분, 이 점을 꼭 기억해 주시기 바랍니다.

이대로 변호사 자, 그럼 제가 증인에게 묻겠습니다. 증인은 공산 전투에서 왕건이 죽을 뻔했다는 것을 알고 있습니까?

왜 왕건의 부인은 29명일까?

마의 태자 　　네, 알고 있습니다. 신숭겸 장군이 왕과 옷을 바꿔 입고 왕 행세를 하는 틈을 타 빠져나간 것으로 알고 있습니다.

이대로 변호사 　　왕건은 본인이 원해서 견훤과 싸운 것이 아닙니다. 위기에 빠진 신라가 구원 요청을 해 오는 바람에 1만 명의 구원군을 이끌고 가다가 견훤의 군대를 만나 죽을 뻔한 것입니다. 증인은 신라에서 고려에 구원 요청을 한 건 알고 있습니까?

마의 태자 　　네, 알고 있습니다.

이대로 변호사 　　자, 그렇다면 신라를 구하려다 목숨을 잃을 뻔했던 왕건을 돕는 것이 의리인가요? 아니면 경순왕을 왕위에 오르도록 도와준 견훤을 돕는 것이 의리인가요?

마의 태자 　　글쎄요, 판단하기가 쉽지 않네요.

이대로 변호사 　　잘 생각해 보세요. 개인적인 욕심이나 사정으로 본다면 견훤과의 의리도 중요할 수 있지요. 그러나 왕은 국가를 통치하는 사람이 아닙니까? 국가를 구원하는 것이 무엇보다 중요하지요. 그런 면에서 신라를 구원하려다 죽음의 위기를 넘긴 왕건을 돕는 것이 진정한 의리가 아니겠습니까? 또 있습니다. 김딴지 변호사는 왕건의 외교 전략을 자꾸 치사한 회유 정책이라 하는데 서로 피를 흘리고 전쟁을 치르는 것은 떳떳하고 평화적인 외교는 치사한 것인가요?

마의 태자 　　…….

이대로 변호사 　　경순왕이 고려에 귀순한 것에 대해서도 한 번 정확히 따져 봅시다. 공산 전투에서 패한 왕건은 낙담하지 않고 차분히

주군
주(州)와 군(郡)을 아울러 이르
는 말이며, 또한 지방이라고도
합니다.

뒷일을 준비했습니다. 그러고는 3년 후인 930년 고창군(경상북도 안동시) 전투에서 견훤군을 크게 무찔렀습니다. 그러자 영안(안동시 풍산면), 하곡(안동시 임하면), 직명(안동시 일직면), 송생(경상북도 청송군 청송면) 등 30여 군현이 차례로 왕건에게 귀부했습니다. 몇 달 후에는 동해 연안 **주군**(州郡)의 부락들이 다 태조 왕건에게 귀부했습니다. 이로써 신라의 영토는 많이 줄어들게 되었습니다. 설마 증인은 이들 군현이 왕건에게 귀부한 것도 왕건의 그 치사한 회유 작전 때문이었다고 말하지는 않겠지요?

마의 태자   ……그것은 왕건이 고창군 전투에서 승리하자 대세가 고려 쪽으로 기울었다고 판단한 호족들이 스스로 내린 결정이었습니다.

이대로 변호사   이후 견훤이 다시 한 번 타격을 입은 사건이 있었습니다. 그것은 934년의 운주(충청남도 홍성) 전투였습니다. 이 전투에서 견훤은 갑옷 입은 정예병 5,000명을 직접 거느리고 출전했습니다. 그러나 고려 측 장군 유금필의 기병에 의해 참패를 당했습니다. 이 전투에서 견훤군 3,000명이 죽었으니까요. 그러자 웅진 이북의 30여 성이 왕건에게 귀부했습니다. 증인, 알고 있지요?

마의 태자   예, 알고 있습니다.

이대로 변호사   그런 마당에 결정적으로 935년 6월 견훤이 고려에 망명하는 사건이 일어났습니다. 이 소식을 전해 들은 ▶경순왕은 이미 대세가 기운 것을 깨닫고 고려에 귀순하기로 결정한 것입니다. 증인은 아버지의 결정이 잘못

교과서에는

▶ 후백제의 공격을 받아 약해진 신라의 경순왕은 더 이상 국가를 보존할 수 없다고 느끼고 스스로 나라를 고려에 넘겨주었습니다.

된 것이라고 생각하나요?

마의 태자　예, 그렇습니다. 아버지는 전국적으로 흩어져 있는 관군을 다시 모으고 의병을 모집하여 최후의 일전을 해보고 나서 결정해도 늦지 않았다고 생각합니다. 아버지는 좀 나약한 면이 있었습니다.

이대로 변호사　자, 그렇다면 냉정하고 객관적으로 판단해 봅시다. 만약 당시 신라가 군사를 모아 고려와 전쟁을 벌였다면 이길 수 있었다고 생각하십니까?

마의 태자　그것은 알 수 없는 일입니다. 전쟁의 승패는 결코 군사들의 숫자에 있는 것이 아니기 때문입니다. 적은 병력이라도 **의기투합**한다면 능히 많은 적을 상대할 수 있습니다. 그런데 한 번 싸워 보지도 않고 1,000년이나 지탱해 온 국가를 남에게 넘겨주는 것은 치욕이 아니고 무엇이겠습니까?

이대로 변호사　증인의 뜻은 가상하군요. 그럼 다른 각도에서 묻겠습니다. 만약 증인의 뜻대로 신라와 고려가 전쟁을 벌였다면 누가 이기든 간에 서로 많은 사람이 죽었을 것은 뻔한 이치겠죠. 그럼 애꿎은 백성을 죽음으로 몰아넣는 싸움을 꼭 해야 한다고 생각하십니까?

마의 태자　글쎄요. 싸움을 즐기는 것은 나쁜 일이지만 때로는 국가를 위해 개인을 희생하는 것도 영광스런 일이 아닌가요? 그 때문에 지상 세계에서는 나라를 위해 죽은 사람들을 국립묘지에 안장하고 훈장도 주고 그런 것 아니겠습니까?

이대로 변호사　증인은 대단히 고집 센 사람이군요. 자신의 뜻을 굽

의기투합
마음이나 뜻이 서로 맞는 것을 말합니다.

힐 생각이 없는 모양입니다. 더 이상의 논쟁은 불필요하다고 생각합니다. 자, 전쟁에서 승패가 거의 판가름 났을 때 끝까지 싸워 부하들을 죽게 하는 것이 훌륭한 장수일까요, 아니면 적에게 투항하더라도 부하들의 목숨을 살린 사람이 훌륭한 장수일까요? 그것은 판사님과 배심원들께서 판단해 주시기 바랍니다. 그리고 마지막으로 신라의 수도인 경주 출신이었던 김부식이 경순왕의 귀순에 대해 한 말을 전하면서 변론을 마치겠습니다. 여러분, 이 평가를 주목해 주시기 바랍니다.

경순왕이 태조에게 귀의한 것은 비록 마지못하여 한 일이지만 또한 가상하다 하겠다. 만일에 그가 힘을 다하여 나라를 지킨다며 고려군과 싸우다가 힘이 꺾이고 형세가 다했다면 반드시 그 종실이 다 멸하고 무고한 백성에까지 해가 미쳤을 것이다. 그런데 태조가 항복하라고 통고하기 전에 미리 창고를 봉하고 군현을 기록하여 태조에게 바치니 그의 고려 조정에 대한 공로와 백성에게 끼친 덕은 가히 크다 하겠다.

김딴지 변호사　이의 있습니다. 이 글을 쓴 김부식이야말로 기회주의자입니다. 김부식의 증조부가 누구입니까? 김위영이란 인물인데 그는 경순왕을 따라 고려로 오지도 않았지만 마의 태자에게 적극적으로 동조한 인물도 아닙니다. 그는 경주의 책임자인 주장(州長)이 되었다가 뒷날 슬며시 개경으로 올라와 살았지요. 그런데 김부식 형제들이 공부를 잘하여 과거에 합격하고 출세를 했습니다. 따라서 고려에서 출세하기 위해서는 경순왕의 행동을 미화할 수밖에 없었던 것이지요.

판사　양측 변호인, 진정들 하세요. 이제 시간이 얼마 남지 않았어요.

2

후백제는
왜 멸망했을까?

판사　다음 주제로 후백제가 어떻게 멸망했는지 살펴보겠습니다. 피고 측 변호인부터 변론해 주세요.

이대로 변호사　네, 알겠습니다. 원고 견훤은 왕건의 회유 작전에 휘말려 고려에 귀순했고 이용만 당한 채 비참한 최후를 맞았다고 왕건을 고소했습니다. 그러나 이야말로 적반하장이요, 후안무치한 태도입니다. 왜냐하면 그것은 원고가 정치를 잘못했기 때문입니다. 신라의 군인이었던 그가 신라 왕을 죽인 사건은 이미 말씀드린 바 있습니다. 이밖에도 여러 면에서 견훤은 정치가나 영웅다운 모습을 보여 주지 못했습니다. 먼저 말씀드릴 수 있는 것은 그의 인품과 통일 정책입니다. 견훤은 체격이 장대하고 힘이 셌기 때문이었는지 무력을 지나치게 따랐습니다. 힘만 있으면 천하를 쉽게 통일할 것이라 생각했던 것이지요. 그것은 927년 공산 전투에서 승리한 후 왕건에게 보낸 서신에서 잘 알 수 있습니다.

판사 어떤 서신을 보냈나요?

이대로 변호사 여기서 그는 신라가 고려를 끌어들여 자신에게 대항하려 한 것을 종달새가 매의 날개를 찢으려 한 어리석은 행위라 했습니다. 또 강약은 이미 판결났으니 승부를 알 수 있을 것이라 했습니다. 군사력 면에서 자신이 한 수 위라고 생각한 거죠.

판사 그렇습니까?

이대로 변호사 네. 게다가 견훤은 교만하고 매우 잔인한 성격을 갖고 있었습니다. 공직이란 인물은 견훤의 심복이었는데 932년 고려에 귀순했습니다. 그러자 견훤은 이 소식을 듣고 전주에 있던 공직의 두 아들과 딸을 잡아다가 국문을 하고 이들의 다리 힘줄을 불로 지져 끊는 만행을 저질렀습니다. 그의 잔인한 성격을 여실히 보여 주고 있는 대목이지요. 판사님, 증인을 통해 검증해 보도록 하겠습니다. 견훤의 신하였던 능환을 증인으로 신청합니다.

판사 받아들입니다. 능환은 증인석으로 나와서 선서하세요.

능환 나는 신성한 법정에서 진실만을 말할 것을 선서합니다.

이대로 변호사 우선 증인, 간단하게 자기소개부터 해 주시죠.

능환 네. 나는 오랫동안 견훤 대왕 곁에서 **책사** 노릇을 해온 사람입니다. 따라서 나는 견훤 대왕의 **일거수일투족**을 세세하게 다 알고 있습니다.

후안무치
낯이 두꺼워 부끄러움이 없다는 뜻으로 잘못된 행동을 하고도 부끄러워할 줄 모르는 행동이나 사람을 말합니다.

책사
왕을 도와 책략을 잘 쓰는 사람을 말합니다.

일거수일투족
손 한 번 들고 발 한 번 옮긴다는 뜻으로, 크고 작은 동작 하나하나를 이르는 말입니다.

이대로 변호사　　증인, 곁에서 지켜보았을 때 견훤의 성격이 어떠했습니까? 무력을 신봉하고 잔인하며 교만하지 않았습니까?

능환　　예, 곁에 있었던 나도 그런 것을 느꼈습니다. 자신은 어렸을 때부터 힘이 셌을 뿐 아니라 호랑이도 자기를 지켜 줄 만큼 큰 기상을 타고 태어났다고 늘 자랑을 하곤 했습니다. 그가 무력을 최고로 여겼기 때문에 여러 전투에서 승리한 것도 사실이지만 바로 그 때문에 세 아들과 멀어지게 되었지요.

이대로 변호사　　아, 태자 책봉 문제를 말하는군요. 마침 잘됐습니다. 왜 견훤이 세 아들을 제쳐 놓고 넷째 아들인 금강을 태자로 책봉했습니까?

능환　　예.▶견훤은 아들이 여러 명 있었는데 그중 넷째인 금강을 아주 좋아했습니다. 금강은 젊고 아름다운 후처의 아들이었을 뿐 아니라 힘도 세어서 자신과 같이 무력 신봉자였기 때문입니다. 따라서 예전에 중요한 군사 지역인 대야성(경상남도 합천)을 공격할 때도 견훤은 세 아들을 제치고 금강에게 그 임무를 맡길 정도였습니다. 그러나 신검, 양검, 용검 등 세 형제는 무력보다는 외교를 더 좋아했죠. 그래서 견훤은 넷째 아들인 금강을 태자로 책봉한 것입니다. 그런데 이것이 문제였습니다. 태자 자리에서 제외된 세 형제가 가만히 있겠습니까? 태자를 너무 늦게 책봉한 것도 문제였지요. 934년에 와서야 태자를 책봉했으니 견훤의 나이 68세 때입니다.

이대로 변호사　　정확한 지적입니다. 원래 태자는 큰 문제

교과서에는

▶ 후백제는 왕위 계승을 둘러싸고 내분이 생겼습니다. 견훤이 막내아들인 금강을 사랑하여 그를 태자로 책봉하자 신검이 양검, 용검과 모의하여 금강을 죽이고 견훤을 금산사에 가두었습니다. 견훤은 이후 금산사에서 탈출하여 고려로 들어갔고, 고려는 이러한 상황을 이용하여 신검의 후백제군을 물리치고 후삼국을 통일하게 되었습니다.

가 없는 한 장자로 하는 것이 상례이고 제일 바람직한 것입니다. 그
런데 견훤은 이러한 원칙을 무시했습니다. 이에 비해 왕건은 일찍
태자를 책봉했으며 장자를 태자로 삼았습니다. 921년에 장자인 무
(武)를 태자로 책봉했으니 이때가 왕건의 나이 45세요, 태자의 나이
는 아홉 살이었습니다. 일찍감치 후계자를 정해 놓은 것이죠. 따라
서 왕건 생전에 권력 다툼은 없었습니다. 그런데 그 이후 견훤과 세
아들이 결정적으로 사이가 나빠진 사건이 있다고 들었는데 어떤 사

치기
어리고 유치한 기분 혹은 감정을
말합니다.

도독
주(州)를 다스리던 지방의 관리
입니다. 왕으로부터 행정, 사법,
군사의 권리를 위임받았지요.

정변
혁명이나 쿠데타 따위의 비합법
적인 수단으로 생긴 정치상의 큰
변동을 이르는 말입니다.

능환　　그것은 태자 책봉이 있었던 그해 9월에 있었던 운주 전투였지요. 후백제의 북방 거점이었던 운주(충청북도 홍성) 지역으로 왕건의 군대가 진격해 왔죠. 나와 세 형제는 될 수 있으면 충돌하지 말고 외교적으로 풀 것을 제안했습니다. 그러나 견훤과 금강은 무력 대결을 주장했죠. 결국 우리의 주장은 묵살되었고 견훤이 68세의 나이에도 불구하고 전투에 참여했습니다. 금강도 물론 따라갔죠. 그러나 그 전투는 참패로 끝났습니다. 나는 이대로 가다가는 정말 후백제의 운명이 끝이라고 생각했습니다.

이대로 변호사　　아, 그래서 정변을 일으켰군요.

능환　　그렇습니다. 나는 그것만이 후백제를 살리는 길이라 생각했습니다. 금강이 비록 체격이 크고 지혜가 있다고 하지만 경험이 부족했을 뿐 아니라 치기 어린 행동을 하다 무모한 일을 벌일 가능성이 있었기 때문입니다. 그래서 신검과 상의하여 강주(康州) 도독(都督)으로 있던 양검과 무주(武州) 도독으로 있던 용검에게 사람을 보내 올라오도록 하여 정변을 일으킨 것입니다. 사실 나는 그것을 혁명이라고 생각합니다.

이대로 변호사　　그럼 정변 후 견훤과 금강은 어떻게 되었나요? 둘다 죽였나요?

능환　　금강은 죽일 수밖에 없었습니다. 그가 살아 있는 한 환란은 계속될 것이기 때문입니다. 그러나 견훤은 죽이지 않았습니다. 나는 그의 신하였고 신검 등은 그의 아들이었기에 충의와 효도 라는 측면에서 금산사에 유폐하는 조치를 취했습니다. 금 산사는 견훤이 자주 가던 절로 최대한 편안하게 배려해 준 것입니다. 결국 불씨를 남겨 놓은 것이지요. 그때 그를 죽 이지 않은 것이 후백제 멸망의 한 원인이 되었으니까요.

조서
왕의 명령을 일반 사람들에게 알 리기 위해 적은 문서입니다.

이대로 변호사   신검이 왕위에 오른 후 내린 **조서**가 있더군요. 이 조서는 누가 쓴 것입니까?

능환   최승우가 썼지만 나도 많이 도와주었습니다.

이대로 변호사   그 내용을 좀 설명해 주시지요.

능환   예. 이 조서에서는 한(漢) 고조(高祖)의 넷째 아들이며 척부 인(戚夫人)의 소생인 여의가 고조의 사랑을 받아 태자에 책봉되려 했 으나 뜻대로 되지 않았음을 밝혔습니다. 이는 금강을 여의에 빗대어 태자는 아무나 되는 것이 아님을 말하려 한 것이지요. 그리고 간신 들이 견훤을 부추겨 나라를 말세의 상황으로 몰아갔음을 지적했습 니다. 결국 간신들을 억누르고 나라를 바로잡기 위해 신검이 금강을 죽이고 왕위에 올랐다는 것을 강조한 것입니다. 일종의 혁명이라는 것이지요.

이대로 변호사   실제로 신검은 태자의 자질을 충분히 갖추고 있었 나요?

능환   그럼요. 그도 각종 전투에서 목숨을 내놓고 싸운 적이 있고 인품도 훌륭했습니다. 그런데 진나라 헌공이 여희에게 빠져 그 아들 을 태자로 책봉하려 했던 것처럼 견훤도 젊은 금강의 어머니에게 빠져 그를 태자에 책봉했고 간신들이 이를 부추긴 것이지요. 그리고 당시 나는 기왕 정변을 한 이상 견훤도 죽여야 한다고 했으나 신검이 아버지를 죽인 불효자가 될 수는 없다 하여 그를 금산사에 유폐하기로 결정했습니다.

이대로 변호사   아, 견훤이 간신들의 꼬임으로 여자에 빠져 벌어진 일이로군요. 그럼 신검도 일반 사람들이 생각하는 것처럼 인륜을 거스른 배은망덕한 인물은 아니었군요.

능환   그렇습니다. 그도 그렇지만 사람들은 내가 역적모의를 했다고 생각하는데 실상은 그렇지 않았다는 것입니다. 나아가 견훤이 금산사에서 도망하여 나주를 거쳐 고려에 귀부할 때도 우린 그것을 다 알고 있었습니다. 신검도 뒤쫓아 가 견훤을 죽일까 생각했지만 차마 그럴 수 없어 살려 준 것입니다.

이대로 변호사   그럼 왜 나중에 견훤이 신검을 죽이려 했지요?

능환   그러니 답답한 노릇 아닙니까? 아마도 견훤은 신검이 자신을 살려 주었다는 사실을 몰랐거나, 아니면 간신들이 신검이 그를 죽이려 했다고 거짓말을 했기 때문이 아닌가 합니다. 이미 견훤은 판단력이 흐려진 상황이었으니까요.

　

　반대편에 앉아 있던 김딴지 변호사가 얼굴이 상기되어 자리에서 일어나 반론을 폈다.

　

김딴지 변호사   증인은 해도 해도 너무하는군요. 옛날에 모셨던 주

군을 그렇게 비난해도 되는 건가요? 좋습니다. 그렇다면 제가 반대
신문을 하겠습니다.

판사　　허락합니다.

김딴지 변호사　　증인에게 묻겠습니다. 증인은 무슨 돈으로 살았습
니까?

능환　　그야 녹봉을 받아 살았지요.

김딴지 변호사　　그 녹봉은 누가 준 것입니까? 바로 견훤이 관직의
대가로 준 것 아닌가요? 그런데 그런 사람을 배신하고도 할 말이 있

습니까? 증인은 의리를 배반한 배신자입니다. 알겠습니까?

능환　아닙니다. 나는 그렇게 생각하지 않습니다. 내가 받은 녹봉은 견훤 개인이 준 것이 아니라 후백제 백성의 세금으로 준 것입니다. 후백제를 잘 이끌어 달라고 말이에요. 그러니 후백제가 도탄에 빠지는 것을 보고 있을 수만은 없었습니다.

김딴지 변호사　그렇게 충성심이 있었다면 견훤을 끝까지 돕고 또 때때로 간언을 하여 올바른 길로 가도록 했어야지요. 그래도 안 되면 관직을 버리고 낙향하는 것이 신하 된 도리입니다. 그렇게 생각하지 않나요?

능환　아니요. 나도 할 만큼은 다 해 봤습니다. 그러나 견훤은 일단 간신들의 꼬임에 빠져들자 거기서 헤어날 줄을 몰랐습니다. 나는 이제 하늘이 천명을 다른 사람에게 줄 때라 판단했습니다. 나는 하늘의 명령에 따르는 것이 바로 순리라고 배웠습니다.

김딴지 변호사　또 한 가지 묻겠습니다. 조금 전 이대로 변호사는 견훤이 공직의 자식들 다리 힘줄을 끊은 것을 가지고 잔인하다 표현했습니다. 그런데 왕건도 그에 못지않습니다. 전에 오어곡성이 후백제의 공격을 받아 항복하자 왕건은 항복한 장수 여섯 명의 처자들을 끌고 돌아다니며 망신을 시키고 저잣거리에서 처형한 적이 있습니다. 그것은 잔인한 것이 아닌가요? 증인, 어떻게 생각하세요?

능환　그것도 따지고 보면 잔인한 일이지요. 그러나 전쟁 기간에는 흔히 있을 수 있는 일이라 생각합니다.

김딴지 변호사　자, 보십시오. 증인의 입을 통해서도 공직의 자식

사건을 들어 견훤만이 잔인하다는 논리는 성립될 수 없다
는 것이 확실해졌다고 봅니다.

판사　잘 들었습니다. 증인은 이제 내려가도 좋습니다.
그러면 후백제 내부 사정이야 여기까지 하고 견훤이 어떻
게 왕건에게 이용당했는지에 대해서 살펴보기로 하겠습니다.

김딴지 변호사　알겠습니다. 견훤의 사위인 박영규를 증인으로 신
청합니다.

판사　증인 박영규는 증인석으로 나와 선서해 주세요.

　　그러자 방청석 뒤편에서 건장한 사내가 걸어 나와 선서를 하고 증
인석에 앉았다.

김딴지 변호사　우선 자기소개를 간단히 해 주세요.

박영규　나는 견훤의 사위로서 후백제 말기에 전라도 승주 지역을
지키고 있던 박영규 장군입니다. 그러다가 견훤 대왕이 고려에 간
후 나도 고려에 복종할 것을 약속했지요. 견훤 대왕과 생사를 같이
한 것이지요.

김딴지 변호사　그렇군요. 그럼 앞서 나온 문제를 간단히 짚고 넘어
갑시다. 증인은 앞서 나온 증인 능환에 대해 어떻게 생각합니까?

박영규　나는 충신은 **불사이군**(不事二君) 해야 한다는 말을 신봉하
는 사람입니다. 어떻게 신하가 주군을 내쫓고 그 아들을 섬길 수 있
겠습니까? 나는 단 한 번도 두 마음을 먹은 적이 없습니다. 능환은

불사이군
두 임금을 섬기지 않는다는 뜻입
니다.

배신자임에 틀림없다고 생각합니다.

김딴지 변호사　그렇다면 견훤이 어떤 면에서 왕건에게 이용당했다고 보십니까?

박영규　나주는 오랫동안 왕건이 점령했지만 929년경 후백제의 영역이 되었습니다. 이 때문에 고려에서는 바닷길이 막혀 작전에 많은 차질을 빚고 있었습니다. 후에 고려의 유금필이 출정하여 나주를 수복하기는 했지만 언제 후백제 세력이 다시 공격을 해올지 모르는 상황이었지요. 그런데 이때 견훤이 귀순 의사를 밝혀 오고 견훤의 1차 피신처가 나주로 정해지면서 나주의 반고려 세력까지 견훤을 도와야 한다는 명분 아래 친고려 세력으로 끌어들였습니다. 따라서 그 이후에도 나주는 후백제를 압박하고 고려의 후방 기지 역할을 할 수 있었죠.

김딴지 변호사　아! 그랬군요. 왕건은 나주를 완전한 자신의 영토로 만드는 데 견훤을 이용했군요. 또 다른 측면도 있나요?

박영규　견훤의 고려 귀부는 끝까지 버티던 신라를 접수하는 데 크게 이용되었죠. 왕건은 후백제의 왕 견훤도 고려에 귀부했으니 천하가 고려 쪽으로 넘어오는 것은 이제 시간문제라는 식으로 신라를 압박했죠. 그러자 격렬한 토론 끝에 신라의 경순왕도 고려에 귀순하게 된 것이죠. 견훤이 귀순한 지 4개월 만에 경순왕이 고려에 항복한 것이 그것을 증명하고 있습니다. 또 역설적인 이야기이겠지만 사실 견훤은 후백제를 멸망시키는 데에도 크게 이용되었죠. 신검에 대한 적개심을 이용해 후백제를 멸망시킨 것이지요. 견훤은 귀순해 오자

마자 신검이 도리를 저버렸다며 그를 토벌해 줄 것을 여러 차례 요청했습니다. 처음에는 듣지 않는 척하다가 착실하게 준비를 마친 후 드디어 정벌에 착수했습니다.

김딴지 변호사　　그렇다면 후백제에 대한 무력 정벌도 왕건 본인의 뜻이 아니라 후백제의 왕이었던 견훤이 요청해서 할 수 없이 행한 일이라 선전했겠군요.

박영규　　당연하죠. 그뿐만이 아닙니다. 막상 전투가 벌어지자 왕건은 노쇠한 견훤을 전면에 내세웠죠. 경상북도 선산의 일이천을 사이에 두고 왕건과 견훤의 군대가 대치했는데 그때 왕건 군대의 맨 앞에 노령인 견훤을 서게 했습니다. 이를 본 후백제의 장수나 병사들의 마음이 어떠했겠습니까? 한때 자신들이 모셨던 대왕을 공격해야 하는 난국에 빠진 것입니다. 그러자 후백제의 장군 효봉, 덕술, 애술, 명길 등이 갑옷을 벗고 창을 내던지며 견훤의 말 앞으로 항복해 왔습니다. 이렇게 몇몇 장군들이 고려 진영에 항복해 오자 후백제 군대의 사기는 땅에 떨어졌고 쓰라린 패배를 맛보아야 했지요.

김딴지 변호사　　교묘한 술책으로 철저하게 견훤을 이용했군요.

박영규　　그렇습니다. 따라서 고려의 후삼국 통일은 견훤이 있었기에 가능했다 해도 과언이 아닙니다. 그런데도 왕건은 견훤을 철저하게 외면했습니다. 선산에서 패한 신검의 군대가 지금의 충청남도 논산군 연산면 지역인 황산군으로 퇴각하자 왕건의 군대가 이를 추격하여 다시 한 번 자웅을 겨루는 사태가 발생했습니다. 그러나 신검의 군대는 **패잔병**들로 이루어져 있어 형세는 이미 기울었죠. 그러자

패잔병
전쟁에서 진 군대의 병사 가운데 살아남은 자를 말합니다.

신검은 항복을 해 왔습니다. 견훤은 그 패륜아 신검을 죽여 달라고 요청했지만 왕건은 신검의 동생인 양검과 용검만 죽이고 신검은 능환의 꼬임에 빠져 한 것이다 하면서 살려 주었죠. 이는 견훤의 심기를 불편하게 할 목적이었습니다. 예상했던 대로 견훤은 화병으로 등창이 나서 절간에서 쓸쓸히 죽음을 맞이했습니다.

김딴지 변호사　　그럼 왕건은 견훤의 장례를 성대히 치러 주었나요?

박영규　　웬걸요. 견훤은 자신이 세운 나라를 자신이 멸망시켰다는 죄책감 때문인지 장례를 간소하게 할 것을 부탁했고 무덤도 전주가 내려다보이는 조그만 언덕에 만들어 줄 것을 부탁했습니다. 그래도 그렇죠. 왕건은 이 유언을 핑계 삼아 장례를 아주 간략히 했을 뿐 아니라 무덤도 개경이나 전주가 아닌 지금의 논산시 연무대읍의 조그만 산 위에 마련했습니다. 장례를 크게 하면 후백제 잔존 세력이 이를 계기로 반란을 일으킬지도 모른다는 두려움 때문이었겠죠. 그래서 그의 무덤은 왕의 무덤 같지 않게 초라하게 남게 된 것입니다.

김딴지 변호사　　견훤의 무덤이 초라한 이유가 있었네요.

박영규　　그런데 그것으로 끝나지 않았습니다. 견훤이 머물다 죽은 절을 다 허물고 그곳에 개태사란 새로운 절을 지었습니다. 견훤의 흔적을 다 지워 버린 것이죠. 그냥 두면 견훤이 죽은 곳이 후백제인의 성지가 되어 이곳이 후백제 부흥 운동의 거점이 될지도 모른다는 생각 때문이었을 것입니다. 이는 또 개태사에 모셔진 삼존 불상을 보아도 알 수 있습니다. 그 삼존 불상은 전혀 인자하거나 자비로운 부처님의 모습이 아닙니다. 갑옷을 입은 무사의 형상 같습니다.

또 주먹이 얼마나 큰지 모릅니다. 다분히 위협적인 형상을 하고 있죠. 왜 그렇게 만들었을까요? 후백제인이 섣불리 다른 생각을 품으면 이 부처님이 가만두지 않을 것이라는 협박의 뜻으로 그렇게 만든 것이라 생각합니다.

김딴지 변호사　　아, 그렇군요. 견훤은 철저히 이용만 당하고 버려졌군요. 이것이 인품 있는 사람이 할 짓입니까? 존경하는 판사님, 그리고 배심원 여러분, 여러분이 견훤의 처지가 되었다고 생각해 보십시

개태사 삼존석불

오. 그런 왕건을 훌륭한 영웅으로, 덕과 인품이 있는 호걸로 생각할 수 있겠습니까? 잘 헤아려 주시기 바랍니다.

끝까지 가만히 듣고 있던 이대로 변호사가 천천히 자리에서 일어나 차분한 음성으로 말했다.

이대로 변호사　김딴지 변호사의 신문과 증인의 증언을 잘 들었습니다. 그럼 이제 저도 증인에게 반대 신문을 하겠습니다.
판사　좋습니다. 이대로 변호사, 반대 신문하세요.
이대로 변호사　네, 우선 저는 증인의 이중인격에 대해 지적하고 싶습니다. 우선 증인의 신상에 대해 묻겠습니다. 증인은 원래 견훤의 사위였다가 고려에 귀순했지요?

　왜 왕건의 부인은 29명일까?

박영규　네, 맞습니다.

이대로 변호사　증인이 귀순 의사를 표명한 날짜가 936년 2월이군요. 이 시기는 견훤도 고려에 귀순했고 경순왕도 이미 고려에 귀순한 지 3개월이 지난 시점이군요. 그렇죠?

박영규　네, 맞습니다.

이대로 변호사　더 구체적으로 말하면 936년 2월은 이미 천하의 대세가 결정 났다고 해도 과언이 아니겠군요. 즉, 누구나 '이제는 왕건이 천하의 주인이 될 것이다'라고 생각하지 않았겠느냐 하는 것입니다. 그렇지 않습니까?

박영규　네, 아마 많은 사람이 그렇게 생각했을 겁니다.

이대로 변호사　그래요. 그렇다면 당신이 고려에 귀순한 것은 본인이 말했듯이 충신은 두 임금을 섬기지 않는다는 의리 때문인가요? 아니면 왕건이 천하의 주인이 될 것을 알고 고려의 왕건에게 성의를 보여 장래의 행복을 도모하려 한 것입니까?

박영규　글쎄요. 솔직히 말씀드리면 양쪽 측면이 다 작용했다고 볼 수 있습니다.

이대로 변호사　증인이 귀순 의사를 밝혔을 때 왕건은 증인에게 "만약 당신의 혜택을 입어 길이 막히지 않고 가게 되면 먼저 장군을 방문할 것이오. 댁에 가서 부인에게 절을 해 예를 표하며 형수처럼 섬기고 누님처럼 존경하겠고 반드시 끝까지 후한 보답을 하겠소"라고 했다더군요. 그런데 만약 왕건이 증인의 도움이 필요 없다고 대답했다 해도 견훤과의 의리 때문에 고려에 귀순했겠습니까?

식읍

국가에서 왕족이나 공신에게 땅을 나누어 주고 그 땅에서 나는 곡식과 세금 등을 가지고 생활하도록 했는데, 이를 식읍이라고 합니다.

박영규　흔쾌히 나를 받아 주지 않는다고 했으면 위험을 무릅쓰고 고려에 귀순하지는 않았을 겁니다.

이대로 변호사　존경하는 판사님, 그리고 배심원 여러분, 증인의 말을 잘 들으셨죠? 증인은 견훤과의 의리를 위해 고려에 귀순했다고 하지만 실은 자신의 행복을 위한 길을 선택한 것입니다. 견훤 개인과의 의리는 포장된 것에 불과하다는 것이죠. 차라리 의리를 지키려 했다면 후백제라는 국가와의 의리를 지켰어야지요. 즉, 증인이야말로 기회주의자라는 말입니다.

김딴지 변호사　판사님, 이의 있습니다. 지금 이대로 변호사는 증인의 인격을 모독하면서 일방적인 방향으로 몰아가고 있습니다. 중지해 주십시오.

판사　이의를 일부 인정합니다. 이대로 변호사는 증인에게 사실 확인만 해 주시기 바랍니다.

이대로 변호사　알겠습니다. 그럼 계속 신문하겠습니다. 김딴지 변호사는 자꾸 왕건이 견훤을 이용만 했다고 주장하고 있습니다. 이는 마치 왕건이 견훤에게 아무런 대접도 하지 않았다는 뜻으로 들리는데, 그렇지 않습니다. 견훤이 귀순해 오자 왕건은 그를 상부라고 불렀습니다. 이는 왕건 자신이 견훤보다 열 살이나 어려 견훤을 아버지와 같이 대접해 주겠다는 의미였습니다. 남궁(南宮)을 사택으로 주었습니다. 고려에서도 왕 버금가는 대접을 해 준 것이죠. 그뿐입니까? 견훤의 품계는 백관의 위에 있게 하고 양주를 식읍으로 주어 경기도 양주에서 나오는 수확물은 모두 견훤의 사택으로 들어가게 했죠. 또

금과 비단을 주고 노비 40여 명과 말 10필을 주는 은전을 베풀었습니다. 이것이 사실입니까, 아닙니까? 증인 대답해 보세요.

박영규   사실로 알고 있습니다.

이대로 변호사   그런데도 김딴지 변호사의 주장처럼 이용만 당했다고 할 수 있습니까?

박영규   나름대로 대접은 해 주었다고 생각합니다.

이대로 변호사   그뿐만 아니라 증인도 귀순의 대가로 상당한 정치적·경제적 혜택을 받았더군요. 벼슬도 받고 토지도 많이 받았다고 들었습니다. 사실입니까?

박영규   사실입니다.

이대로 변호사   제가 조사해 보니까 이뿐만이 아니고 증인의 세 딸이 다 고려의 왕과 혼인을 했습니다. 태조의 후비 동산원 부인, 정종의 부인 문공 왕후와 문성 왕후가 모두 증인의 딸이지요? 맞죠?

박영규   맞습니다. 귀순 이후 내 딸과 혼인할 것을 희망하여 왕건에게 딸을 주었는데 후에 다시 그 아들인 요(정종)와 혼인할 것을 요구하여 그렇게 한 바 있습니다.

이대로 변호사   아니, 그렇게 왕건으로부터 후한 대접을 받고도 지금 왕건이 견훤을 이용했다는 증언을 할 수 있습니까? 그렇게 의리를 강조하신 분이 어떻게 왕건에 대한 의리를 배반할 수 있습니까? 증인은 어떻게 생각하십니까?

박영규   예, 사실 마음이 착잡합니다. 왕건은 실제 인품도 너그러울 뿐 아니라 나에게 많은 인정을 베풀었습니다. 항상 감사하게 생각합니다. 그러나 또 비참하게 돌아가신 견훤을 생각하면 가슴 한쪽이 늘 아팠습니다. 또 개인적인 관계로 보아도 견훤은 나의 장인이었고 왕건은 나의 사위가 되었으니 어느 편을 들어야 할지 고민이 많았습니다. 사위인 왕건에게는 감사하고 미안하지만 견훤의 처지가 너무 서글펐다는 생각을 지울 수 없습니다. 나의 처지를 이해해 주시기 바랍니다.

이대로 변호사　　좋습니다. 인간적인 고뇌는 이해합니다. 그럼 지금까지 김딴지 변호사가 견훤을 '이용'했다고 주장했는데 그 '이용'이란 표현을 '전략'으로 바꾸면 어떨까요? 후삼국 통일의 주역이 되기 위해 견훤을 회유하는 '전략'을 구사했다고 표현하면 잘못된 것인가요? 증인, 의견을 말해 보세요.

박영규　　왕건 쪽에서 말한다면 그렇게 표현할 수도 있겠죠. 그러나 견훤 쪽에서 보면 '이용'당했다고 생각할 수 있는 부분도 있을 겁니다.

이대로 변호사　　감사합니다. 우리는 지금까지 증인의 입을 통해 김딴지 변호사가 악의적으로 표현한 '이용'이란 부정적인 단어를 '전략'이란 긍정적인 단어로 바꿀 수 있다는 점을 알았습니다. 누구에게나 인생의 목표와 목적이 있습니다. 또 그 목표와 목적을 향해 부단히 노력합니다. 그런데 그 목표가 바람직하지 못할 때는 '이용'이란 말을 쓸 수 있겠지만 바람직할 때는 '전략'이라 표현할 수 있다는 것을 알았습니다. 당시 혼란했던 상황을 수습하고 분열된 국가를 하나로 통합해야 한다는 목표와 목적이 바람직한 것이었느냐, 그렇지 않

사냥개를 훈련시켜 잘 먹이다가
더 이상 잡을 토끼가 없어지면
오히려 사냥개를 삶아 먹는다는
뜻으로 사람을 이용만 하고 나중
에는 버린다는 의미입니다.

았느냐 하는 것은 배심원 여러분이 너무나 잘 판단하시리라 믿습니다.

그럼 마지막으로 묻겠습니다. 증인은 견훤과 왕건 두 사람을 다 모셔 봤습니다. 개인적으로도 가까웠고요. 그래서 말인데 두 사람의 성격을 굳이 비교해 본다면 어떻게 말할 수 있습니까? 소신껏 말씀해 주시기 바랍니다.

박영규　네. 두 사람의 성격은 나름대로의 장점과 단점이 다 있다고 봅니다. 견훤은 사나이다운 기개와 의리가 강했던 반면 생각이 깊지 못하고 무력을 신봉하는 측면이 있었다고 생각합니다. 그러나 왕건은 성격이 치밀하고 마음이 너그러운 면이 있는 반면 좀 소심하고 속내를 잘 드러내지 않는 측면이 있었다고 생각합니다.

이대로 변호사　네. 감사합니다. 이상 신문을 마치겠습니다.

판사　자, 이제 양측에서 할 이야기는 충분히 한 것 같습니다. 오늘 재판은 견훤과 신라 경순왕의 고려 귀순에 대한 이야기와 그에 대한 평가를 중심으로 이루어졌습니다. 원고 측 변호인은 경순왕의 고려 귀순은 견훤의 은혜를 배반한 행위였다고 한 반면, 피고 측 변호인은 경순왕이 국민들의 안전을 보장하기 위해 고려에 귀순했다고 주장했습니다. 또 견훤의 고려 귀부에 대해서도 원고 측에서는 견훤의 공헌에도 불구하고 결국에는 견훤이 토사구팽(兎死狗烹)당했다고 주장한 반면, 피고 측에서는 그것은 견훤 스스로가 결정한 일이며 왕건은 그에 대한 충분한 배려를 했고 이는 이용이 아니라 하나의 전략이었다고 주장했습니다. 양측 다 일리 있는 주장이라 생각합니다.

그리고 후백제의 멸망에 대해서도 많은 이야기가 오고 갔습니다. 저나 배심원은 양측의 주장을 충분히 고려해서 판결을 내리겠습니다. 자, 오늘은 시간이 되었으므로 재판을 이만 정리하는 것이 좋겠습니다. 그럼 잠시 후에 원고와 피고의 최후 변론을 듣겠습니다. 세 번째 재판을 마칩니다.

땅, 땅, 땅!

견훤의 전투 상황

927년 9월

견훤이 공산 전투에서 왕건에게 승리한 후 한반도의 정세는 견훤 측에 절대적으로 유리하게 전개되었습니다. 공산 전투란, 견훤이 경주에 입성하자 신라가 고려에 구원을 요청했는데 구원군이 내려오다 경주에서 돌아오던 견훤 군과 만나 싸운 전투를 말합니다. 공산 전투의 '공산'은 지금의 대구 팔공산을 말합니다. 그런데 이 전투에서 신숭겸, 김락 등 고려 측 여덟 명의 장군이 죽었으므로 그때부터 공산을 팔공산이라 했습니다. 왕건은 이 전투에서 겨우 몸만 빠져나갔지요.

927년 10월

견훤이 벽진군(경상북도 성주)을 침략하고, 대목군과 소목군의 벼를 베어 갔습니다.

928년 5월

견훤이 강주(경상남도 진주)를 습격하여 점령합니다.

928년 7월

견훤이 충청북도 청주를 침공하자 왕건 휘하의 유금필이 달려와 왕건을 구원합니다. 고려의 남단 기지였던 청주까지 점령하는 데는 실패합니다.

928년 8월

대량성(경상남도 합천)을 지키던 견훤의 장군인 관흔이 오어곡을 점령하는 성과를 올립니다. 오어곡의 현재 위치는 정확히 알 수 없으나 경상북도 예천군 하리면 우곡동에 있는 부노성으로 추정됩니다. 이 오어곡의 점령으로 후백제는 고려와 신라의 통로인 죽령길을 확보하게 됩니다.

928년 11월

부곡성(경상북도 군위군 부계면)을, 929년 7월 의성부(경상북도 의성)를 점령하게 됩니다. 이곳은 주요 거점 지역으로 당시 여기에는 고려 측의 성주장군 홍술이 지키고 있었는데 견훤군과 싸우다 전사했습니다. 이 소식을 들은 왕건은 "내가 양쪽 손을 모두 잃었구나" 하면서 통곡했다 합니다.

929년 7월

견훤은 순주(경상북도 안동시 풍산면)를 점령합니다.

929년 10월

견훤이 왕건에게 빼앗겼던 자신의 고향인 가은현을 되찾으려 시도합니다.

다알지 기자

안녕하세요, 법정 뉴스 시청자 여러분. 오늘은 견훤 대 왕건의 마지막 재판이 열렸습니다. 오늘 재판에서 원고 측은 경순왕과 견훤이 왕건의 회유 작전에 말려들어 이용만 당했을 뿐 인간적인 대접을 받지 못했다고 주장했습니다. 이에 대해 피고 측은 왕건의 뛰어난 인품과 인내력, 포용력으로 신라와 후백제가 고려에 통합된 것이라면서, 왕건이 경순왕과 견훤을 이용했다는 원고 측의 주장을 강력하게 반박했습니다. 그럼 방금 재판을 마치고 나온 양측 변호사를 만나 마지막 재판을 끝낸 소감을 한마디 들어 보도록 하겠습니다.

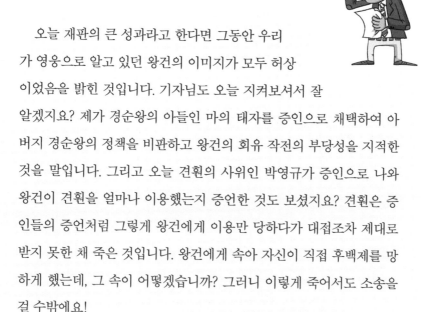

김딴지 변호사

오늘 재판의 큰 성과라고 한다면 그동안 우리
가 영웅으로 알고 있던 왕건의 이미지가 모두 허상
이었음을 밝힌 것입니다. 기자님도 오늘 지켜보셔서 잘
알겠지요? 제가 경순왕의 아들인 마의 태자를 증인으로 채택하여 아
버지 경순왕의 정책을 비판하고 왕건의 회유 작전의 부당성을 지적한
것을 말입니다. 그리고 오늘 견훤의 사위인 박영규가 증인으로 나와
왕건이 견훤을 얼마나 이용했는지 증언한 것도 보셨지요? 견훤은 증
인들의 증언처럼 그렇게 왕건에게 이용만 당하다가 대접조차 제대로
받지 못한 채 죽은 것입니다. 왕건에게 속아 자신이 직접 후백제를 망
하게 했는데, 그 속이 어떻겠습니까? 그러니 이렇게 죽어서도 소송을
걸 수밖에요!

이대로 변호사

　　　　김딴지 변호사가 마의 태자와 경순왕의 의견 차이를 이용하여 왕건의 인격을 모독하려 했지만 경순왕의 귀부로 많은 백성이 희생 없이 새로운 세상을 맞은 것은 다행이었다는 생각을 다들 갖고 있을 것입니다. 대세가 고려 쪽으로 기울고 있다고 느낀 신라의 호족들이 줄줄이 고려에 귀순하고, 후백제의 견훤마저도 고려에 귀순한 상황에서 경순왕이 선택할 수 있는 것은 바로 고려에 귀순하는 것이 아니겠습니까? 만약 이때 신라가 고려와 싸웠다면 어떻게 되었겠습니까? 많은 사람이 피를 흘려야 했을 것입니다. 따라서 경순왕이 왕건의 회유 정책에 말려들어 나라를 바쳤다는 말은 틀린 주장입니다. 그리고 이런 경우에는 이용이라는 단어보다는 전략이라는 단어를 사용하는 것이 맞는 표현이겠지요.

왕건은 나, 견훤을 이용해
후삼국을 통일했습니다
VS
이용이 아니라 후삼국 통일 정책의
일환일 뿐입니다

판사　이제 마지막으로 당사자들의 최후 진술을 들어 볼까요? 여러분의 한마디에 마음이 움직이고 결정될 수 있으니, 양측 당사자는 신중하고 주의 깊게 진술해 주시기 바랍니다. 그럼, 먼저 원고의 최후 변론을 듣도록 하겠습니다.

견훤　존경하는 판사님, 그리고 배심원 여러분, 나는 참으로 비통한 심정으로 이 자리에 섰습니다. 나는 어쩌면 역사의 죄인인지도 모르겠습니다. 내가 부덕하여 내가 세웠던 후백제를 내 손으로 무너뜨렸기 때문입니다. 따라서 나는 전주가 멀리 내려다보이는 조그만 언덕 위에 무덤을 쓸 수밖에 없었습니다. 나는 패자의 마을에서 혼자 조용히 지난날을 반성하며 지하에 누워 있을까 생각했습니다. 그러나 더는 가만히 있을 수가 없었습니다. 사람들은 역사의 승자인 고려의 왕건은 영웅으로 떠받들면서 패망은 했지만 한 나라를 세운 나에게는 눈길조차 보내지 않았습니다. 그는 부인이 29명이나 되고 교묘한 술책으로 자기 세력을 강화했는데도 불구하고 세상 사람들은 그 모든 것이 통일을 위한 정책이라고 오히려 칭송을 하는 사태까지 벌어졌습니다. 모든 기록은 왜곡되고 궁예도 그렇지만 나에게도 오명만이 남았습니다. 그러니 내가 어찌 가만히 있을 수 있겠습니까? 그래서 나는 명예를 회복하기 위해 재판을 하게 된 것입니다.

물론 고려 태조 왕건이 뛰어난 인물임에는 틀림없습니다. 그러나 그가 취한 정책이나 그의 사생활이 모두 미화될 수는 없는 것입니다. 그는 인간의 가장 큰 약점인 탐욕을 이용해 통일을 했다 해도 과언이 아닙니다. 즉위한 초부터 지방의 호족들을 포섭하기 위해 공손한 태도를 취하면서도 많은 선물을 주어 환심을 샀습니다. 이에 현혹되어 귀순해 오는 사람들에게는 토지와 저택을 주기도 했고 자신의 가족이라는 인식을 심어 주기 위해 왕씨 성을 하사하기도 했습니다. 그리고 그들의 딸을 아내로 삼아 탐욕을 채우는 한편 친족이라는 굴레를 씌워 꼼짝 못하게 하는 전술을 택했습니다.

사실 경순왕이나 저도 거기에 당했다고 볼 수 있습니다. 그런데도 사람들은 오히려 그를 포용력 있고 관대한 사람이라 칭송했습니다. 그러나 나는 사나이다운 기개와 의리, 정정당당한 대결, 그것이 우선이라고 생각했습니다. 술수 같은 것은 생각지도 못했고 뒤에 숨어서 뒤통수치는 행위를 아주 싫어했습니다. 따라서 때로는 지나치게 엄하다는 비판을 받기도 했습니다. 과연 내가 잘못한 것일까요? 사람들은 관용과 용서라는 허울 좋은 명분을 내세워 나와 같이 강직하고 의리 있는 사람을 융통성 없는 사람이라 비판하기도 합니다. 이것이 옳은 것일까요? 나는 위선과 거짓이 판치는 이 세상에 경종을 울리고자 이 자리에 섰습니다. 부디 현명한 판단을 부탁합니다.

판사　잘 들었습니다. 그러면 피고 왕건의 진술을 듣겠습니다.

왕건　존경하는 판사님, 그리고 배심원 여러분, 분명히 말하지만 나는 역사에 한 점의 부끄럼도 없습니다. 나는 개인적인 영욕보다는 역사의 진보와 조국의 통일에 매진했습니다. 물론 아내를 돌보지 않은 책임은 있습니다. 그러나 그것은 전쟁터에 나서야 했던 내가 그 여성들을 위해 할 수 있는 배려였습니다. 내 아내 중에 나를 냉정한 인물이라 비난하는 사람이 있더라도 나는 이를 부정할 생각은 없습니다. 원고인 견훤이 나에 대해 비판하는 부분도 충분히 이해합니다. 견훤이 죽고 난 다음에라도 따뜻하게 베풀어 줄 걸 하는 후회도 있습니다. 그래서 나는 재판 중에도 나를 변명하는 말은 한마디도 하지 않았습니다. 진실은 스스로 밝혀지게 된다는 믿음 때문이었습니다.

그러나 백번을 양보한다 해도 나는 우리 조국이 분열되는 것은 막아야 한다고 생각했습니다. 나를 포함한 많은 사람들은 신라가 당나라 군대를 끌어들여 백제와 고구려를 멸하고 우리의 영토와 무대를 한반도에 그치게 했다는 데 대해 통분을 금할 수 없었습니다. 특히 나는 고구려의 유민으로서 그 아픔과 불행을 더욱 뼈저리게 느낍니다. 그리하여 어떤 일이 있어도 예전에 잃어버렸던 고구려의 영토를 되찾아야 하겠다는 일념으로 정치를 했고 전략을 구사했습니다.

왕건은
나의 뒤통수를
쳤습니다.
내 명예를
회복시켜
주세요.

나는
고구려 영토를
되찾기 위해
전략을 폈을
뿐입니다.

그리하여 많은 학자들에게 자문을 구하고 나 스스로도 많은 연구를 했습니다. 따라서 어떤 때는 좀 나약해 보이는, 어쩌면 사술(邪術)처럼 보이는 방책을 쓰기도 했습니다. 그러나 그것은 어디까지나 전략일 뿐이지 사람을 이용하여 토사구팽하려는 목적이 아니었음을 분명히 밝힙니다. 그 결과 고구려의 수도였던 평양이 제2의 수도가 되어 다시 번성하게 되었고 청천강 이북까지 영토를 확장하게 되었던

왜 왕건의 부인은 29명일까?

것입니다.

그리고 지나온 생을 되돌아보니 역시 사랑과 포용, 인내, 평화라는 덕목이 헛된 것이 아님을 깨달았습니다. 사실 나를 고소한 원고인 견훤도 내가 그를 받아 주지 않았으면 더 비참한 최후를 맞았을지도 모릅니다. 될 수 있으면 나는 전쟁 없이 통일을 이루기를 원했고 또 전쟁을 할 때도 될 수 있으면 많은 사람이 다치지 않을 방도를 찾았습니다. 이것이 후삼국 통일의 원동력이 되었다고 믿습니다. 부디 나의 충정을 믿어 주시고 올바른 판단을 내려 주시기 바랍니다. 감사합니다.

판사 세 차례의 재판을 진행하면서 관련된 모든 분들의 증언을 잘 들었습니다. 배심원 여러분도 수고 많으셨습니다. 지금까지 3차에 걸쳐 원고와 피고, 그리고 관련자들의 진술을 충분히 들으셨으니, 이를 참고하여 배심원 여러분의 견해를 제출해 주십시오. 한국사법정에서는 배심원들의 의견서를 참고하여 최종 판결을 내리겠습니다. 이제 모든 재판을 마치도록 하겠습니다.

땅, 땅, 땅!

사술
올바르지 못한 수단을 둘러대는 요망하고 간사한 술법을 말합니다.

역사공화국 한국사법정 재판 번호 14 견훤 vs 왕건

주문

역사공화국 한국사법정은 견훤이 왕건을 상대로 제기한 명예훼손에 의한 정신적 손해 배상 청구를 기각한다.

판결 이유

후삼국의 통일에 실패했던 견훤은 자신이 힘만 믿는 무식한 무인이라는 오명을 얻은 것은 왕건에게 패배했기 때문이라고 말했다. 그러면서 왕건이야말로 무분별하게 여러 여성과 혼인했으며 뇌물로 사람들의 환심을 사려 한 파렴치한 인물이라 비난했다. 더욱이 자신을 이용해 후삼국을 통일하고는 그것이 자신의 공인 것처럼 선전했다는 것이다.

견훤이 주장하는 바와 같이 왕건의 부인이 29명이나 되고 부인들 중 몇몇은 제대로 대접을 받지 못했다는 점을 인정한다. 또 왕건이 재물이나 관직으로 많은 사람을 회유하는 정책을 썼다는 점, 견훤이 아들 신검에게 유폐되었다가 고려에 와서 신검을 토벌하기 위해 앞장섰다는 점도 인정한다. 따라서 견훤 입장에서는 후백제를 멸하고 후삼국을 통일한 것이 자신의 공인데 왕건이 자신을 이용만 하고 공을 가로챘다고 분개하는 심정도 이해가 된다.

그러나 당시는 전쟁기였다. 왕건은 피 흘리는 싸움 대신 혼인 정책을 써서 호족 세력을 통합했다. 그 과정에서 소외당한 사람이 생겨나기도 했으나 그렇다고 그것이 모두 왕건의 냉혹함 때문이었다고 보기는 어렵다. 견훤은 왕건이 자신을 이용만 했다고 하지만 왕건은 그에 대한 응분의 보답을 했으며 그가 쓸쓸히 죽어 간 것은 본인이 택한 것이지 왕건이 강제로 한 것이 아니었다. 나아가 왕건이 분열되었던 후삼국을 통일하고 북진 정책을 써서 우리의 영토를 넓힌 공로를 인정해야 한다는 것이 본 법정의 판단이다.

본 법정은 왕건이 후삼국을 통일하여 고구려의 영토를 일부 되찾은 공로를 인정해 피고의 고소를 기각한다. 그러나 무인다운 기개와 의리로 한 시대를 풍미했던 견훤의 활약도 충분히 인정해야 할 것이다. 따라서 그가 졸장부였다든가 어리석었다든가 하는 평가는 바뀌어야 할 것이다. 왕건도 견훤의 장점을 인정했듯이 우리도 후삼국 통일 과정에서 행한 견훤의 활약과 공로를 다시 한 번 생각해 보는 것이 바람직하다고 여기는 바이다.

역사공화국 한국사법정 담당 판사 정역사

나 최제안, '훈요십조'가
위작이 아님을 증명하오!

"아, 이번 재판의 결론은 어떻게 날까?"

재판이 끝난 후, 사무실로 돌아온 김딴지 변호사는 이대로 변호사와 피고 왕건에게 패소할지도 모른다는 걱정에 깊은 한숨을 내쉬었다.

따르릉, 따르르릉!

그때 갑자기 전화벨이 울려 댔다.

"예, 김딴지 변호사입니다. 누구신지?"

"나는 고려 시대 문신이었던 최제안이라는 사람입니다."

최제안은 왕건이 쓴 '훈요십조(訓要十條)'를 최항의 집에서 우연히 찾아내 왕에게 바쳐 후세에 전한 인물이었다.

"네, 선생님. 이렇게 인사하게 되어 영광입니다."

"나도 재판을 아주 잘 봤습니다. 왕건과 견훤에 대해 아주 열심히 공부하셨더군요. 그런데 김 변호사, 아주 중요한 한 가지 증거를 빠뜨리셨더군요."

"무엇이 빠졌다는 말입니까? 만나서 자세히 말씀해 주시지요."

다음 날, 전화 속 주인공인 최제안이 김딴지 변호사 사무실로 찾아왔다. 수화기 너머에서 들려오던 목소리대로 최제안은 초롱초롱한 눈매에 지적인 기품을 자랑하고 있었다.

"먼 길 오시느라고 수고하셨습니다. 일단 앉으시지요. 무슨 차를 드시겠습니까?"

"보리차면 됩니다. 나는 한국의 전통을 좋아하니까요."

나먹보 조수가 차를 가져다주자, 그는 한 모금 마시고는 이내 품 안에서 두루마리 하나를 꺼내 놓았다.

호기심에 가득 찬 김딴지 변호사가 물었다.

"아니, 이게 뭡니까?"

"펼쳐 보세요."

두루마리를 펼치자 '훈요십조'라고 적힌 글귀가 눈에 들어왔다. 최제안은 손끝으로 한 부분을 가리키며 말문을 열었다.

"김 변호사, 여기 한 번 읽어 보세요."

〈훈요십조 제8조〉

차현(車峴) 이남과 공주강(금강) 밖은 산형과 지세가 모두 **배역**

차현
차령이라고도 하는데 지금의 천안시와 공주시의 경계에 있던 고개를 말합니다.

배역
은혜를 저버리고 배반하는 것을 말합니다.

했으니 인심도 역시 그러하다. 그 아래의 고을 사람이 조
정에 참여하여 왕후(王侯)·국척(國戚)과 혼인하여 나라의
정권을 잡게 되면 국가를 변란에 빠뜨리거나 혹은 백제가
통합당한 원망을 품고 임금의 거둥하는 길을 범하여 난을
일으킬 것이다. (……) 그러하니 비록 그 선량한 백성일지라도 마
땅히 벼슬자리에 두어 권세를 쓰게 하지 말 것이다.

'훈요십조' 가운데 8조를 읽은 김딴지 변호사가 말을 이었다.

"아, 이 내용은 저도 알고 있습니다. 왕건은 '훈요십조'에서 백제
사람을 고려의 조정에 등용하지 말라고 말했지요. 이를 두고 지상 세
계에서는 왕건이 호남 지역을 차별했다며 말들이 많았습니다. 물론
우리는 이 증거를 바탕으로 왕건을 궁지로 몰아넣을 수도 있었지만
이 '훈요십조'가 가짜라는 말도 있어 증거로 제출하지 않았지요."

듣고 있던 최제안이 낯빛을 붉히며 말했다.

"가짜라니요? 당신은 어느 나라 사람입니까? 일본 학자가 주장했
던 말을 그대로 믿다니요? 이것은 진짜입니다. 어떤 사람들은 왕건
이 집권할 때에 호남 사람들을 많이 등용했다는 것, 왕건이 나주를
자신의 세력 기반으로 삼았다는 것, '훈요십조'가 내려진 다음에도
전라도 출신 사람들이 과거에 급제하거나 고위직에 올랐다는 것을
이유로 '훈요십조'가 거짓이었다고 말합니다."

"네, 저도 그 주장이 설득력 있다고 생각했어요. 그런데 그 말이
틀리기라도 했나요?"

최제안은 고개를 절레절레 흔들며 김딴지 변호사에게 설명을 이어 갔다.

"이는 당시의 상황을 잘 모르고 하는 주장입니다. '차현 이남과 공주강 밖'은 현재의 호남 지역 전체를 염두에 두고 한 말이 아니라 공주, 논산 등의 충청도 지역과 전주 지역을 주요 대상으로 한 말이었습니다. 현재의 전라남도 지역은 제외된다는 말이지요. 그런데 이

지역은 왕건이 후삼국을 통일할 때 마지막까지 고려에 저항했어요. 그러니 왕건이 이들 지역의 사람들이 다시 반란을 일으킬까 두려워했던 것이죠.”

“아, 그래서 왕건이 이 지역을 싫어한 것이 사실이란 말씀이군요. 또 다른 근거는 없습니까?”

“물론 있습니다. 『고려사』의 「지채문전(智蔡文傳)」에서는 현종 원년인 1010년에 거란이 고려를 침략하여 현종은 경기도 광주를 거쳐 전라도 나주까지 피란을 갔다고 전하고 있습니다. 이때 피란 행차가 전라도 삼례역(전라북도 완주군 삼례읍)에 이르자 전주 절도사 조용겸이 전주에 들를 것을 청했습니다. 그런데 곁에 있던 박섬이 전주는 백제의 옛 땅이라 우리 태조 왕건께서도 미워했으므로 이곳에 행차하지 말라고 만류했습니다. 그러자 현종은 이 말에 따라 전주로 가지 않고 장곡역에 머물렀고, 이에 앙심을 품은 조용겸이 무리를 모아 왕의 행궁을 습격했지요. 이것이 바로 왕건이 전주 지역을 증오했다는 결정적인 증거가 아니겠어요?”

“와, 그렇다면 ‘훈요십조’는 지어낸 말이 아니라는 거군요?”

김딴지 변호사의 반응에 최제안이 흐뭇한 표정을 지으며 말을 덧붙였다.

“네, 이제 아시겠습니까? 나도 고려인으로서 왕건의 인품을 높이 사며 평소에 그를 존경해 왔었습니다. 그런데 거란이 침입했을 때, 최항의 집에 머무르며 기밀문서를 정리하다 이것을 발견하고 충격에 휩싸였지요. 특히 ‘훈요십조’ 제8조는 통치자로서 왕건의 인품에 대해 의심할 만한 부분입니다."

"아, 그렇군요."

"왕건은 고려를 다스리는 통치자였습니다. 그런데 개인적인 원한으로 이런 유훈을 남겼다는 것은 명백히 잘못된 것이죠. 좀 더 넓은 아량으로 끝까지 포용했어야 옳았지요. 이 유훈이 지상 세계에 있는 후세들에게 아직까지도 남아 흔히 말하는 지역감정을 불러일으키는 구실이 되었으니까요. 태조 왕건도 끝내 인간적인 한계를 벗어날 수가 없었던 모양입니다. 사실 나도 이 부분을 밝히고 싶지는 않았지만 역사는 진실을 외면하지 말아야 한다는 판단에서 이렇게 찾아온 것입니다."

김딴지 변호사는 '훈요십조'와 그에 얽힌 왕건의 이야기에 충격을 받기도 했지만 역사를 진지하게 바라보는 최제안의 태도에 절로 고개가 숙여졌다.

"항간에 떠도는 이야기만 듣고 '훈요십조'가 거짓이라고 여기다니……. 내 변호사 인생에 있어서 결정적인 실수였어. 다음 재판에서 이런 실수를 또다시 하지 않으려면 역사 검증을 철저히 해야겠어. 그래야 억울하게 누명을 쓴 사람들을 도와줄 수 있을 테니까."

왕건의 위패가 모셔진 숭의전

숭의전 전경

고려의 수도가 지금의 개성인 송악으로 주로 한반도의 북쪽에 궁궐과 사적들이 있었던 탓에 한반도의 남쪽에서는 고려 시대의 흔적을 찾는 것이 쉽지 않습니다. 한반도 남쪽에서 볼 수 있는 유일한 고려 시대의 유적지가 바로 '숭의전'이지요.

경기도 연천군에 가면 고려의 태조인 왕건을 비롯하여 나라를 부흥시킨 4명의 왕을 제사지내던 사당이 있습니다. 역대 왕들뿐만 아니라 고려 전 시기를 통틀어 본받을 만한 충신 16명의 위패를 모신 곳이기도 하지요.

1397년 태조의 명으로 묘를 세우고, 1399년에 고려 태조와 혜종, 정종, 광종, 경종, 선종, 목종, 현종 등 7명의 왕의 제사를 지냈지요. 이후 두 차례의 중건을 거쳐 지금의 모습을 갖추게 되었습니다. 고려 왕씨의 후손들이 숭의전을 관리하는 직책을 맡아 고려의 왕과 정몽주 등 15명의 고려의 충신들의 제사를 지내는 곳으로 자리를 잡았지요.

하지만 안타깝게도 6·25 전쟁 당시 전각이 소실되고 말았지요. 그 뒤 1973년 왕씨 후손이 이를 복구하였고, 이후 건물의 모습을 갖추고자 힘썼습니다. 현재는 사적 223호로 지정되어 보호되고 있지요.

조선 왕들의 위패를 모신 곳이 서울의 종묘라고 하면, 숭의전은 고려 왕들의 위패를 모신 곳입니다. 입구에 있는 '홍살문(능, 묘, 대궐 등의 정면에 세우는 붉은 칠을 한 문)'과 말을 내려야 함을 알려주는 '하마비'를 지나면 작은 약수터가 있습니다. 그리고 고즈넉한 숲 속 길을 걸으면, 여러 개의 건물을 만날 수 있습니다.

이곳에는 제를 올릴 때 쓰는 향 등을 보관하고 제를 준비하는 곳인 '앙암재', 제사 때 사용할 것을 준비하고 제기를 보관하는 곳인 '전사청', 숭의전 청소 및 공사 시에 위패를 잠시 모셔 두는 '이안청', 고려 충신의 위패가 모셔진 '배신청', 고려의 왕들의 위패가 모셔진 '숭의전'이 있지요. 숭의전 안에는 태조 왕건의 위패와 영정이 가장 가운데에 있고, 좌우로 현종, 문종, 원종의 위패가 모셔져 있습니다.

찾아가기 경기도 연천군 미산면 아미리 산7번지

태조 왕건의 위패

홍살문과 하마비

『역사공화국 한국사법정 14 왜 왕건의 부인은 29명일까?』와 관련한
논술 문제를 풀어 봅시다.

※ 다음 제시문을 읽고 물음에 답하시오.

(가) 임금의 자질에는 어리석은 자질도 있
고 현명한 자질도 있으며, 강력한 자질
도 있고 유약한 자질도 있어서 한결같
지 않으니, 임금의 아름다운 점은 순종
하고 나쁜 점은 바로잡으며, 옳은 일은
받들고 옳지 않은 일은 막아서, 임금으
로 하여금 가장 올바른 경지에 들게 해
야 한다. -『삼봉집』 중에서

정도전

(나) 왕건은 궁예의 부하가 되었다. 한반도 중부를 석권한 궁예가 지
금의 철원을 도읍으로 정하자 왕건은 아버지를 따라 그의 휘하
로 들어갔다. 광주, 충주, 청주, 괴산의 군현을 평정한 공로로 아
찬에 임명되었고, 해상권마저 확보하였다. 이러한 왕건에 대한
궁예의 믿음은 두터워져 왕건은 시중의 자리까지 오르게 된다.

하지만 궁예는 점점 폭군으로 돌변해 민심을 잃어 갔다. 결국 신숭겸 등이 궁예를 내쫓고 왕건을 추대해 새 왕이 되었다.

1. (가)는 정도전이 쓴 『삼봉집』의 내용이고, (나)는 고려 건국까지의 역사적 사실입니다. (가)를 읽고 (나)의 역사적 상황을 비판하는 글을 쓰시오.

※ 다음 제시문을 읽고 물음에 답하시오.

(가) 왕건은 호족의 반발을 잠재우기 위해 각 지역 호족 출신 여성들과 정략적으로 혼인했고, 그 자손을 국가 인재로 등용하여 우대했습니다. 그래서 왕건은 29명이나 되는 후궁을 거느리게 되었지요.

(나) 고려 시대는 일부일처제가 일반적으로 한 명의 남편과 한 명의 부인만이 있었습니다. 그런데 고려 후기의 재상인 박유는 관직에 따라 처와 첩을 두자는 상소를 올렸고 이 사실이 알려지자 부인들은 모두 그를 미워했습니다. 그래서 박유를 보고는 '첩을 두자고 건의한 늙은이'라며 손가락질했답니다.

(다) 태조 왕건은 호족들을 잘 아우르기 위해 사심관 제도와 기인 제도를 실시했습니다. 사심관 제도란 고려를 건국하는 데 공을 세운 공신에게 각각 출신 지역을 다스릴 수 있도록 한 제도이고, 기인 제도는 지방 호족의 자식을 중앙 관리로 두어 수도에 머무르게 하는 제도였지요.

2. (가)는 왕건이 호족의 반발을 잠재우기 위해 29명의 후궁을 두게 되었다는 내용입니다. (나)와 (다) 중 하나를 선택해 (가)의 왕건의 행동을 지지 또는 비판하는 글을 쓰시오.

왜 왕건의 부인은 29명일까?

해답 1 정도전은 고려에서 조선으로 교체되는 격동의 시기에 새 왕조를 설계한 인물입니다. 성리학적 이상 세계를 꿈꾸었지요. 정도전은 『삼봉집』에서 여러 글을 남겼는데, 이 중 (가)는 임금과 신하에 대한 이야기입니다. 임금이라고 하더라도 모두 자질이 좋지 않을 수 있으니 이를 바로잡아 올바른 경지에 들게 해야 한다는 내용이지요. 그런데 (나)를 보면 왕건은 궁예의 신하였으나 결국은 궁예를 몰아내고 왕에 오르게 됩니다. 물론 궁예가 많은 기행으로 민심을 잃었던 것은 사실이지만, 이를 바로잡아 왕이 올바른 길을 가도록 인도하지 못하였던 것이지요. 이는 비판받을 만한 부분입니다.

해답 2 왕건이 29명의 후궁을 거느리는 행동은 비판받아 마땅합니다. 당시 고려는 (나)에서 알 수 있듯이 일부일처제가 일반적이었습니다. 그래서 사람들은 처와 첩을 두자고 건의하는 것조차 손가락질을 했지요. 그런데 한 나라의 왕으로 모든 백성이 본받아야 할 자리에 있던 왕건이 29명의 후궁을 둔 것은 옳지 못한 행동입니다. 물론 이제 막 건국한 고려를 안정시키기 위해서 어쩔 수 없었다고는 하나, 옳지 못한 방법이 정당화될 수는 없는 일입니다.

* 해답은 예시로 제시된 내용입니다.

역사공화국 한국사법정 14

왜 왕건의 부인은 29명일까?

© 김갑동, 2010

초   판 1쇄 발행일   2010년 11월 19일
개정판 1쇄 발행일   2013년 12월 30일
개정판 7쇄 발행일   2024년 8월 1일

지은이   김갑동
그린이   손영목
펴낸이   정은영

펴낸곳   (주)자음과모음
출판등록   2001년 11월 28일 제2001-000259호
주소   10881 경기도 파주시 회동길 325-20
전화   편집부 (02) 324-2347 경영지원부 (02) 325-6047
팩스   편집부 (02) 324-2348 경영지원부 (02) 2648-1311
이메일   jamoteen@jamobook.com

ISBN 978-89-544-2314-4 (44910)

철학자가 들려주는 철학 이야기 (전 100권)

아이들의 눈높이에 맞춘 철학 동화!
책 읽는 재미와 철학 공부를 자연스럽게 연결한 놀라운 구성!

대부분의 독자들이 어렵게 느끼는 철학을 동화 형식을 이용해 읽기 쉽게 접근한 책이다. 우리의 삶과 세상, 인간관계에 대해 어려서부터 진지하게 느끼고 고민할 수 있도록, 해당 철학 사조와 철학자들의 사상을 최대한 풀어 썼다.

이 시리즈의 가장 큰 장점은 내용과 형식의 조화로, 아이들이 흔히 겪을 수 있는 일상사를 철학 이론으로 해석하고 재미있는 이야기로 담은 것이다. 또한 아이들의 눈높이에 맞는 쉽고 명쾌한 해설인 '철학 돋보기'를 덧붙였으며, 각 권마다 줄거리나 철학자의 사상을 상징적으로 표현한 삽화로 읽는 재미를 더한다. 철학 동화를 이끌어가는 주인공을 형상화하고 내용의 포인트를 상징적으로 표현한 삽화는 아이들의 눈을 즐겁게 만들어준다. 무엇보다 이 시리즈는 철학이 우리 생활 한가운데 들어와 있고, 일상이 곧 철학이라는 사실을 잘 보여준다. 무엇보다 자기 자신을 극복한다는 것, 인간을 사랑한다는 것, 진정한 인간이 된다는 것, 현실과 자기 자신을 긍정한다는 것 등의 의미를 아이들의 시선에서 풀어내고 있다.

과학공화국 법정시리즈 (전 50권)

생활 속에서 배우는 기상천외한 수학·과학 교과서!
수학과 과학을 법정에 세워 '원리'를 밝혀낸다!

이 책은 과학공화국에서 일어나는 사건들과 사건을 다루는 법정 공판을 통해 청소년들에게 과학의 재미에 흠뻑 빠져들게 할 수 있는 기회를 제공한다. 우리 생활 속에서 일어날 만한 우스꽝스럽고도 호기심을 자극하는 사건들을 통하여 청소년들이 자연스럽게 과학의 원리를 깨달으면서 동시에 학습에 대한 흥미를 가질 수 있도록 구성하였다.